amazon

贝佐斯如何开会

[日] 佐藤将之 著
张含笑 译

万卷出版有限责任公司
VOLUMES PUBLISHING COMPANY

果麦文化 出品

本书作者佐藤将之，原本是日本某游戏机公司派驻到美国分公司的员工。某年圣诞节结束时，日本董事长大发雷霆的一句“那个不知道从哪里来的亚马逊……”改变了他未来15年的职业生涯。

之后他以创始成员身份加入日本亚马逊，并成为核心管理者之一，有机会在杰夫·贝佐斯身边学习。他发现亚马逊之所以能维持高速成长，与其独特的会议方法密不可分，这套方法正是贝佐斯管理技法和领导力准则的最直接体现。

CONTENTS 目录

前言

为什么要学习亚马逊的开会方法？ —— 001

会议室是企业效率低下的重灾区 / 科学的开会方法成就了亚马逊的飞跃 / 亚马逊的开会方法也在不断进化中 / 如何循序渐进阅读本书

第一章

在亚马逊什么会值得开 —— 010

1 **应该减少信息传达会议** —— 011

2 **要增加一对一面谈** —— 014

用面谈提高沟通密度 / 把面谈作为员工评价体系的基础

3 **利用线上办公大行其道的时机重新审视开会这件事** —— 018

第二章

亚马逊的会议资料制作规则 019

引言：会议资料决定了会议的成败 020

1 **会议资料要以文章形式呈现** 021

亚马逊的会议资料不能只写要点 / PPT 会降低会议的效率 / 会议资料的内容比形式更重要

准则：写作技能不过关，就无法加入亚马逊 025

2 **将会议资料统一为两大类："1 页纸"和"6 页纸"** 026

3 **"1 页纸"** 028

"1 页纸"是亚马逊的基本资料模式

4 **"6 页纸"** 031

大型报告要控制在 6 张纸以内 / "6 页纸"的写作方法

5 **写出好读文章的两个原则** 034

为什么有的人不善于撰写资料 / 原则 1：结论先行 / 原则 2：多用句号

6 **用于提案的资料要以逆向思考法来推敲** 037

逆向思考法是每个亚马逊员工都要学会的思考原则 / 叠加思考法的局限性

准则：每个项目都有自己的“信条”（tenets） 040

7 **推出新项目时的说明资料要以新闻稿的形式撰写** 041

新闻稿是能让方案更容易被接受的万用模版 / 用逆向思考法整理提案的思路 / 新闻稿形式的资料包括哪些内容

8 **不断进化才是不变的原则** 051

亚马逊不设置固定模版 / 避免固化

案例：传说中“一稿过”的新闻稿 053

第三章

亚马逊的决策会议 055

引言：在高效、不出错的前提下做出决定 056

1 **项目主管就是会议的负责人** 057

要让会议的负责人主持会议进程 / 会议负责人的角色

2 **用“3 个 W”让与会者对会议目标达成共识** 060

会议前后要产生变化 / 要对目标达成共识

3 **会议从“沉默”开始** 062

用 15 分钟进行默读 / 高质量的会议资料和默读时间有助于避免无谓的提问 / 一言不发的会议质量最高

4 **会议负责人的三项职责** 066

调动所有与会者 / 时间管理 / 撰写会议纪要

案例：会议纪要速成法 069

5 **用转述、搁置区、抽离这三种工具来管理会议的讨论环节** 070

会议讨论是否有效，要看主持人的水平 / 用转述的方法引导与会者说出意见 / 用搁置区把话题带回正轨 / 用抽离的视角冷静观察讨论

6 **贝佐斯痛恨社交化从众** 077

严禁出现“各有利弊”这样的答案 / 社交化从众是很多会议中的常见现象

7 **全员秉持“敢于谏言，服从大局”的精神** 081

有反对意见就要在会议上提出 / 达成共识就要全力投入

8 **会议最后，要确定衡量成败的标准** 084

任务、人员、时间节点都确定了，会议才算结束 / 衡量成败的标准是什么

第四章

亚马逊的创意发掘会议 —— 086

引言：很多企业都缺乏发掘创意的会议 —— 087

1 亚马逊最喜欢头脑风暴 —— 088

针对身边的事物进行头脑风暴 / 什么场合适合进行头脑风暴

2 亚马逊式头脑风暴的规则 —— 091

参加者及团队的组成 / 头脑风暴时需要准备的物品：白板和便利贴

案例：电梯里的白板 —— 094

3 让头脑风暴更有效率的诀窍 —— 095

进行头脑风暴也要掌控时间 / 不求完美，但求效率 / 要让不同背景的人参与其中 / 运用成型的理论框架 / 主持人不要过多介入

4 **亚马逊式的外出会议** 102

在公司外组织会议的好处 / 外出会议不是观光旅游 / 不仅要外出，还要离线 / 调整好物理环境

案例：亚马逊最大型的外出会议 107

5 **亚马逊领导层的集训营** 108

借助集训营磨炼领导能力 / 亚马逊式领导层集训营中的“商业游戏”

6 **外出会议的陷阱** 111

外出会议也可以用于团建 / 如何不让外出会议止步于玩得开心

第五章

亚马逊的进度管理会议 113

引言：进度管理决定了项目的成败 114

1 **亚马逊的项目推进利器——KPI** 115

KPI 就是项目进程中的“仪表盘” / KPI 和 KGI 的区别

2 **将一切落实到数字上** 121

量化的重要性 / 如何将主观要素数据化

案例：美军在执行救灾任务时的 KPI 123

3 **以进度管理会推进项目落实** 124

进度管理会之前必须进行数据分析 / 亚马逊员工必须学会刨根问底 / 如果一切正常，就不需要召开进度管理会议

4 “善意”无效，“机制”才有效 128
不能只依赖人的经验 / 建立高效利用数据的机制

5 至少一周进行一次 PDCA 循环 130
PDCA 循环的案例 / 很多企业实践的是 PDPD 循环 / 亚马逊的项目验证周期最长不超过一周 / 合理取消核查环节

准则：在亚马逊不能只管开拓而不顾后续 136

6 项目结束后的复盘 137
复盘可以帮助企业和员工持续成长 / 高光和暗光

准则：加分主义及评价体系 139

第六章

亚马逊开会方法的基石——领导力准则 —— 140

引言：什么是亚马逊领导力准则 —— 141

1 **主人翁精神** —— 145

思考问题时把自己当作主人 / 没有主人翁精神的人不应该参加会议

2 **顾客至上** —— 147

顾客至上就是结果至上 / 以是否为顾客着想作为判断基准

3 **最高标准** —— 149

瞄准高标准不妥协 / 亚马逊从不以竞争对手为目标

4 **远见卓识** —— 151

从更高格局出发 / 有时间意识

5 **刨根问底** —— 153

不停留在表面，深挖本质问题

6 **崇尚行动** —— 155

早行动，早解决 / 保持最低程度的风险对冲

7 **好奇求知** —— 157

持续学习才能开拓未来

8 **在公司里彻底贯彻领导力准则** —— 158

领导力准则是人事考评及人才教育的基准 / 领导力准则也是人事聘用的原则 / 公司团建活动背后的意图

第七章

人人可用的会议瘦身诀窍 —— 161

引言：在开会这件事上做到彻底的节俭 —— 162

1 **减少开会次数** —— 163

为什么有老板喜欢开没用的会呢？ / 规定好哪些情况下会议可以取消 / 用沟通工具来取代传达消息的会议

案例：亚马逊的高层也坐经济舱 —— 167

2 **减少与会人数** —— 168

不必要的与会者能让会议陷入停滞 / 要区分必须出席和选择性出席的人员

案例：办法用尽，为什么参会人数还是减不下来？ —— 171

3 **缩短开会的时间** —— 172

会议负责人要确认会议目标并严格管理时间 / 借助会议资料来缩短会议时间 / 不要拘泥于面对面开会

4 **减少参会的频次** —— 175

职位越高会议越多 / 放权委任可以帮助减少参会 / 要有拒绝的勇气

结语 —— 178

前言

为什么要学习
亚马逊的开会方法?

会议前15分钟，所有人保持沉默。

会议资料只有两种规格：1页纸或6页纸。

开会时不允许使用PPT，必须把会议资料写成文章形式。

我相信，诸如此类有关亚马逊开会方法的传说，很多人都有所耳闻吧。或许有人会因为这些规定跟自己公司的开会方法有所不同而产生好奇，也有人会觉得这些简直不可思议，无法理解亚马逊定下这些规矩的初衷。

亚马逊的开会方法是以创始人杰夫·贝佐斯为核心的亚马逊管理团队，通过各种试错才得到的智慧结晶。我认为，这些经验中潜藏的思维方式，能让企业的各级管理者，甚至普通职场人都从中受益。因此我撰写本书，旨在解构亚马逊开会方法的奥秘，讲解其具体操作方法和背后的亚马逊管理原则，相信大家一定能从中得到些许、甚至重大启发，帮助自己解决困扰。

会议室是企业效率低下的重灾区

亚马逊是世界上首屈一指的成功企业，与谷歌（Google）、苹果（Apple）、脸书（Facebook）、网飞（Netflix）等互联网巨擘合称为“GAFA”或“FANG”。1995年，亚马逊诞生于美国华盛顿州西雅图市，在创业初期，贝佐斯家的车库就是办公室，可见当时公司的规模有多小。但在创业20余年之后，公司仅在日本就有数千名员工，全世界更有数十万雇员，俨然是一个大型跨国企业。2018年12月，亚马逊一度超越苹果和微软，成为全球市值最高的企业。

我是在2000年7月加入亚马逊的。从学校毕业之后我先是进了一家日本本土企业，工作7年后辞职，成了日本亚马逊的创始成员之一。在这之后的15年中，我负责过供应链、书籍采购、仓储管理等工作，出任过日本配送中心的总负责人。直到2016年我才离开亚马逊，创立了自己的管理咨询公司，运用积累的知识和高效实践经验，为很多企业提供咨询或培训服务，提出包括人事制度在内的一系列运营建议。

从事咨询工作的过程中，我有时需要跟客户的公司开会，有时也要出席自己公司内部的会议，时常感到这些会议和我在亚马逊时参加过的会议有些不同。说得直接一点，就是这些会议效率不高。

请大家回想一下，自己平时开会的时候都是什么样的情形呢？

为了通过一些重要的决议，把太多人员聚集到大会议室里，分发的资料简直厚到读不完。开会时，除了进行陈述和答疑的人之外，发言的只有少数几个人，通常是位高权重的领导。经过一番讨论之后，还是无法做出决定，只能留待下次再议。浪费了大量时间，却毫无收获地离开了会议室，心里掂量着是不是下个月还得再经历这么一次……

相信不少本书的读者都曾有过相似的经历吧。尽管在会议上花费了大量时间和精力，但还是想不出好点子，或者迟迟无法做出决策。在我参加过的客户会议中，这样的情形比比皆是。

这并不是个别公司才有的特殊情况，而是大多数企业都存在的常见问题。如果你在大型企业工作过，就会知道大家的状况都差不多。与亚马逊的开会方法相比，很多企业的会议总体来说是效率低下的。

当然，本书也不会因此就对亚马逊的开会方法进行一边倒的赞美。在不同的国家和地区、企业或部门里，文化背景和具体情况都各有差异，从来就不存在一种绝对正确的开会方法。但以我在亚马逊工作了15年的经验来看，这种独特的开会方法确实以其他企业无法想象的速度推进着各项业务和各类日常工作，所以其中必有可取之处。

科学的开会方法成就了亚马逊的飞跃

亚马逊是从售卖图书起家的，但今时今日，应该不会有人只把它看作一家卖书的公司了。亚马逊销售的商品和提供的服务十分齐全，堪比百货公司，只是搬到了线上而已。

电子商务、第三方线上商城（Marketplace）、亚马逊会员（Prime）、云计算服务（AWS）、电子书（Kindle）……亚马逊的服务和产品不胜枚举。近年来业务发展也不仅限于线上，还进军了线下实体店领域，取得了不少战果。亚马逊于2015年在西雅图近郊开了第一家实体书店 Amazon Books，在2017年又收购了全美最大的天然和有机食品杂货商——全食超市，紧接着，在2018年推出了具备自助收银功能的无人超市 Amazon Go。这些新业务都取得了巨大成功，为亚马逊的业务扩张做出了卓越的贡献。

当然，也并不是所有的新业务都能顺利开展，2014年在美国大张旗鼓发售的智能手机 Fire Phone，推出不久便以失败告终。然而总体来说，亚马逊是一家不断推出各种产品和业务、多项事业齐头并进、实现快速成长的大型企业。

业务数量的增加必然会导致项目数量的增加。亚马逊总有无数项目在同时推进：大到牵涉多个部门、时间跨度较长的大项目，小到软件或产品上线之类的短期小项目。决定这些项目命运的关键就是各种会议：商讨新创意的会议、研究商业计划的会议、决策会议、确认项目进展状况的会议，等等。会议内容被快速、高效落实，项目才有可能成功。

如果一家企业常年都有大量的项目在推进，那相应地就一定会有很多会议。亚马逊通过不断试错积累了丰富的经验知识，找到了将会议精简化、高效化的方法。如果你想要开创新的业务，想要确保会议中提出的想法能得到落实并顺利走上轨道，想让以上两点都成为公司运作的常态，那么相信本书一定会助你一臂之力。

亚马逊的开会方法也在不断进化中

先前说过，亚马逊的开会方法不是绝对正确的。即便是在亚马逊内部，也并没有什么官方认定的开会规则。

从1995年成立的一家创业公司起步，亚马逊仅用20余年就成长为全世界屈指可数的大企业，靠的是员工们结合以往工作积累的经验、在书本上学习到的知识、口口相传的信息，不断研究工作方法、公司制度、企业架构的最佳模式，并通过实践进行取舍。

比如说，我刚加入亚马逊时，公司里开会也和大多数企业一样，会使用 PPT 来做演示。但5年后的某一天，老板杰夫·贝佐斯突然就提出:“会上严禁使用 PPT。”那时候亚马逊刚开始扩张版图，公司也正逐渐壮大。此前，贝佐斯还可以亲自面对每一个用 PPT 做讲演的员工，资料中有什么不清楚的地方都能当场问个明白。但随着员工人数的增加，有时连名字和脸都对不上号，要从不熟悉的人写的 PPT 里揣测每个要点背后的思路就更难了。贝佐斯意识到，会议资料还是写成完整的文本比较好——不省略任何文字，将想法全部写清楚。

随着技术和工具的进步，低成本、高品质的视频会议系统逐渐普及，工作的环境也在不断发生改变。人们可以选择远程办公，工作模式也更趋于多样化。正因如此，趁现在去摸索一套顺应时代潮流、适用于当下的开会方法是至关重要的。

当然，有需要与时俱进的一面，也有需要坚定不移的初心，这就是亚马逊式会议的思想根基之所在——亚马逊领导力准则（Our Leadership Principles，简称OLP）。

任何公司在进行会议方式的变革之前，都应当结合自身企业文化与价值观，谨慎审视变革的条件是否成熟，然后再考虑公司的会议机制需要做出哪些改变，又有哪些值得保留不变，这样才能探索出适合自己公司风格，又顺应环境变化的改进方式。

如何循序渐进阅读本书

亚马逊将会议分为4个种类：旨在做出决定、对事务达成决议共识的决策会议，旨在提出新措施、新服务等的创意发掘会议，旨在汇报情况、共享信息的信息传达会议，旨在跟踪并确认决议落实状况的进度管理会议。这些是在任何公司里都很常见的会议类型。

与很多公司不同的是，亚马逊会尽量避免召开信息传达会议，避免以会议的形式来传递信息。所以本书也会略去对这类会议的讨论，重点介绍其他三种。

本书具体讲解亚马逊开会方法的内容从第二章开始，共有六个章节：

第二章是亚马逊的会议资料制作规则。为了在短时间内做出正确决策，亚马逊在会议资料的准备方面下足功夫，定下了一套独具一格的会议资料制作规则。本章将介绍这套规则的由来，及其背后蕴藏的管理逻辑——逆向思考法（thinking backwards)。提高会议效率，也是从优化会议资料的制作方式开始的。

第三章介绍亚马逊的决策会议。为了能对会议议题做出明确的决议，就需要了解决策会议的基本流程和注意事项。本章对此进行了整理，另外也会介绍一些让会议讨论更有成效的技巧。

第四章介绍亚马逊的创意发掘会议。如何通过头脑风暴发掘好点子？如果要组织远离工作环境的外出会议又该注意些什么？本章都将一一解答。

第五章介绍亚马逊的进度管理会议。为了让项目遵从PDCA 循环，即计划（plan）、实施（do）、检查（check）、调整（action），需要统筹从会议决议到项目复盘的全过程。本章将介绍进度管理的必要性，以及为确保项目落实应注意的一些要点。

第六章是亚马逊领导力准则。本章将从亚马逊提倡的14条领导力准则中提取出与会议相关的条目进行介绍。为什么这本有关开会的书要介绍亚马逊的领导理念呢？或许有读者觉得：我只对亚马逊的开会方法有兴趣，理念不理念的都无所谓。即便如此，我还是建议大家不要跳过本章，因为领导力准则是亚马逊式开会方法的基础。正是这些理念定义了亚马逊员工应该有的面貌，也决定了公司内所有组织架构的设计。

也就是说，亚马逊之所以能把会议上有建设性的讨论落到实处，很大程度上是因为有亚马逊领导力准则作为大前提。反过来说，如果不去考虑这些领导理念，光从形式上模仿亚马逊的开会模式，怕是很难有效地发挥作用。所以说，本章才是本书最关键的重点。

第七章是一些简化会议的诀窍，主要针对会议的次数、与会者人数、时间安排等企业中常见的问题，探讨解决对策。

如果本书能为大家提高日常会议的效率贡献绵薄之力，我将深感欣慰。

CHAPTER 1
第一章

在亚马逊什么会值得开

1 应该减少信息传达会议

我想不少读者之所以买这本书，就是因为自己公司的开会方法不甚理想，想要做出改变。但在这之前，希望大家先停下来思考一个问题——到底什么会议值得开?

有提高开会效率的愿望当然好，但如果将改变开会的方法当成最终目标就很危险了，因为终极目标应该是让企业更有活力、让业务更有效率。在这个大前提下，如果有些会议可开可不开，那就没有必要去改善了。

如果你觉得开会时效率很低，那很可能是因为开了太多没用的会。在之前提到的4种会议里，信息传达会议的必要性最应该谨慎考虑。

当员工需要了解公司的最新动态、掌握公司的前进方向时，或者遇到重要的人事变动时，信息传达会议确实能发挥信息共享的作用。但如果并没有什么特别需要传达的事情，却还是循例每周开会，或者有些上司在参加完高层会议之后，也会召集下属开一些可有可无的会，传达一些可有可无的内容，那就没什么意义了。

我相信，很多公司的大多数信息传递会议最初都有明确目的，但慢慢演变成了一种无意识的习惯，成了我们现在看到的样子。在这样的会议上，当一个人在发言的时候，其他人往往都处于“休眠”状态。这就是效率下降的元凶之一。

其实很多信息传达会议都是没有必要进行的。比如，有些信息只要上司了解就足够了，不需要大家都知道。再如，有些信息明明可以直接向相关人员传达，却要所有人都空出时间聚到一起开会。这些不都是在浪费时间吗？弄清这些情况，就能大刀阔斧地砍掉不必要的信息传达会议。

所以，在思考如何改变自己公司的开会方式之前，请先认真地思考一下：说到底这些会议真的有必要开吗？尤其是信息传达会议。

亚马逊的4种会议

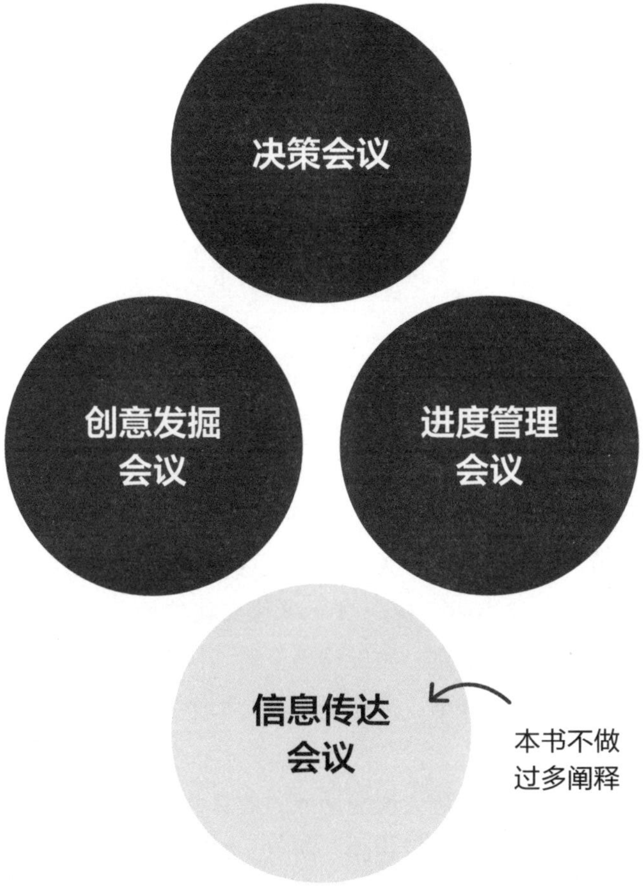

2 要增加一对一面谈

用面谈提高沟通密度

或许会有人担心，会议减少了，大家沟通的机会也就变少了。确实，公司内部沟通次数的减少不是什么好事。但换一种想法，与其很多人聚在一起以“休眠”状态参加一个信息传达会议，倒不如多增加一些上司和下属之间一对一面谈的机会。

在亚马逊，一对一的沟通是定期进行的，一般都是每周一次，最少两周也要有一次。面谈基本上都是在下属和其直属上司之间进行，地点都是确保私密的环境。面谈的内容不仅限于业务相关的话题，除了确认某些目标的达成情况外，也会聊一些个人生活相关的困扰，互相分享，互相建议。与信息传达会议不同，在一对一单独交谈的场景里更容易聊出一些实质性的信息。如果作为上司，认为下属提供的一些信息对其他人也有用，那完全可以让那个下属把信息跟大家共享。

总之，信息传达会议能达成的信息共享效果，许多更紧密的沟通手段同样可以达到。所以，如果你觉得开了太多没用的会，那就试试减少信息传达会议，增加一对一面谈。

把面谈作为员工评价体系的基础

在亚马逊，一对一面谈每隔一到两周就会进行一次，很多企业都做不到这一点。这或许也反映出了两种不同评价体系的差异。

比如，有的公司组织架构很复杂，存在普通职员、小组长、科长、部长等层级，那么要给普通职员写评语时，可能小组长或科长最清楚，但他们不会越俎代庖，通常都是由部长出面给出评价。说句不好听的，就是由一个位高权重但对员工知之甚少的部长来品头论足。

而在亚马逊，所有的工作评价都是由直属上司跟下属直接沟通的。当你的职位变成管理者，有下属归你领导的时候，评判他们工作的好坏就成了你工作职责的一部分。

评价别人的工作，要先就设定的目标达成共识，然后细致地去确认目标是否完成。如果一位员工平时跟领导沟通得多，经常得到批评和指正，就会清楚自己的不足之处在哪里，此后在接受工作评价时如果被指出哪件事没完成好，也能够心悦诚服。

反之，如果领导和下属平时接触很少，一年就面谈这么一次，面谈时还劈头盖脸地说“这就是你今年的工作评价了，哪里哪里做得很不好”，那么下属听了一定会想要反驳。尤其当评价非常负面时，下属肯定会想：“为什么在这一年中没有给我任何提醒或指点呢？哪怕多说一句话，或许我早就能有所进步了。”

对于未达期望的部分不是置之不理，而是伸出援手，支持下属努力达成目标，这才是领导者应该做的。如果给予支持和帮助后还是不能顺利完成目标，那才是当事人自己的问题。

由于评价体系的不同，有些企业或许无法像亚马逊一样。但我相信一对一面谈的重要性值得所有企业学习和思考。

减少信息传达会议
增加一对一面谈

问题多多的信息传达会议

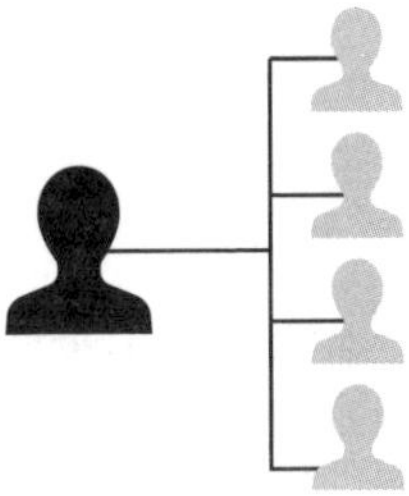

· 明明群发邮件就能解决，非要浪费时间开个会。

· 与会者大多处于“休眠”状态。

· 只是因为惯例而定期举行会议。

►►► **与其改进开会方法不如不开或减少**

好处多多的一对一面谈

· 可以促成密切的沟通。

· 不受时间和场所的制约。

· 有利于对下属做出评估。

►►► **应当大量增加**

3 利用线上办公大行其道的时机重新审视开会这件事

2020年年初，全世界都经历了翻天覆地的变化。新冠病毒这一看不见的威胁，给人们的生活方式乃至全球经济活动都带来了巨大的影响。人们的身影从街头消失了，大多数人窝在家中度过每一天。我相信正在阅读本书的各位，也一定受到了不少影响。

但危机中也有机遇，不如就借着疫情的机会来重新审视一下开会的方式方法吧。

在日本，东京首都圈内的许多企业都在疫情期间推行了居家办公，利用网络通信手段将会议室搬到了线上。从我的观察来看，虽然开会的方法、使用的工具改变了，但会议的形式和内容并没有实质性的改变。无论是线上还是线下，开会就是多个人就一个议题同时展开讨论，或是做出决策，或是拿出想法。

我认为，在此期间无用的会议将被自然淘汰，因为在线上凑到一个大家都方便的时间来开会，跟在办公室里随便召集大家开个会的感觉是不一样的，那些没必要开或者不着急开的会就索性不开了。我们需要做的，是当疫情逐渐缓和后防止那些无用的会议死灰复燃。

CHAPTER 2

第二章

亚马逊的会议资料制作规则

引言：
会议资料决定了会议的成败

如果连一份资料都没有，只是把一群人召集起来进行讨论，这样的会议似乎叫人难以想象。就算真有这样的会议，恐怕也很难让人期待它能有什么高效产出。

没有会议资料，就无法让与会者共享相关信息，比如讨论的主题和目的，以及作为讨论基础的各种数据和前提情况，等等。如果在信息不全的状态下展开讨论，那开会就不过是把所有人聚到一起说说话、做做样子而已。

开会少不了会议资料，想要把会开好，就得从高质量的会议资料做起。

所谓“高质量的会议资料”，并不是资料内容绝对正确那么简单，必须满足以下几个条件：

- 清楚写明会议的主旨和目的；
- 让人能在短时间内轻松读完；
- 无论谁在何时阅读，都能获取完整信息。

为了在开会时用更短的时间做出更准确的决策，准备会议资料时就要力求满足以上这几个条件。亚马逊的会议资料制作规则或许能给大家提供一些参考。

1 会议资料要以文章形式呈现

亚马逊的会议资料不能只写要点

PPT 是一种常见的会议资料形式。主讲人先把要点列成条目，开会时用投影仪展示给所有人。这种资料准备起来比较简单，呈现给听众的也都是经过精心整理、条理分明的内容，所以绝大多数企业和组织开会时都会用到 PPT。

然而，亚马逊的会议资料基本上不会以 PPT 的形式制作，也不会只列出要点。

亚马逊规定，会议资料要以文章形式呈现。因此，主讲人多用 Word 文档撰写资料，提前打印出来，开会时分发给与会者。世界顶尖的互联网企业竟然要求用书面文章的形式准备会议资料，是不是多少让人有些意外?

不仅如此，这些资料通常是在会议开始时分发的，与会者不必事先预习。因为亚马逊认为，**高质量的资料必须让人当场读完就能迅速理解**。

为什么亚马逊不允许会议资料只列出要点或以 PPT 的形式呈现呢?

如果只写要点，与会者在理解上下文时容易出现主观差异。更重要的是，主讲人在陈述时常常会对要点背后的深度思考进行拓展性说明，但对与会者来说，会议过后要想再记起这些细节是非常困难的。试想一下，你还能详尽地回忆起上周某次会议上的具体内容吗？

举个例子，假设PPT资料上写着“要提供最好的客户体验”，具体措施只在当天由主讲人口述。虽然与会者都能在现场听到详细的说明，但若是日后想对照着资料再次讨论，或是有未能列席会议的同事想参考这份材料，情况将会如何呢？大家会说“当时确实是这么讲的吧”“是说要采取这样的措施吧”……这样只凭记忆做出主观解释，很可能无法传达资料上真正的想法。一旦产生误解，就算一开始只是失之毫厘，随着时间推移也有可能谬以千里，造成最终结果的巨大差异，无法达成当初的目标。

在人数不多的小型企业，因为同事们每天都能见面，对公司的状况比较了解，对彼此的思维模式也比较熟悉，就不太容易发生上述情况。但随着公司逐渐壮大，同事之间见面的机会慢慢变少，也就无法频繁地相互确认想法了。

亚马逊还处在小型初创企业阶段时，贝佐斯也不怎么担心内部沟通问题。那时开会也用PPT，只写要点。但在逐渐成长为国际大企业的过程中，公司职员和业务相关人员不断增多，内部沟通也更加困难。于是，贝佐斯在2006年左右定下了规则，会议资料不能只写要点，要以文章形式呈现。

贝佐斯本人每周要看几十份资料，他应该比任何人都更清楚“只写要点”带来的问题。

为什么亚马逊要使用文章形式的会议资料？

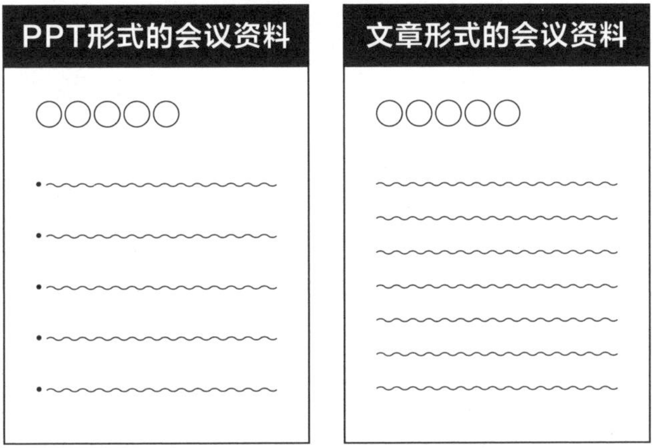

- 资料上列出关键词、宣讲时再做口头说明，这样资料的准确性就难有保障。
- 会后再读资料，很难正确理解字里行间的意思。

- 要写出严谨的文章，必须反复斟酌整体的统一性，这样就能提高资料的准确性。
- 任何人在任何时候读到，都能获得准确的信息。

PPT 会降低会议的效率

用只写要点的 PPT 作为资料，除了在传达内容时可能出现偏差之外，还存在别的问题。

用 PPT 撰写会议资料是比较容易的。主讲人不用在意页数，只要把自己想说的要点列在 PPT 上就是了。等到开会当天，对着 PPT 进行口头说明，不想说的内容也可以当场跳过。这样的会议资料就算临时抱佛脚糊弄一下也能完成。

撰写大量文字材料却是一项艰巨的任务。要让文章既严谨连贯，又短小精悍、切中要害，主讲人必须在动笔之前考虑到整体性，以免让人在阅读时遇到前后逻辑不通的情况，行文过程中也必须再三斟酌用词，不断增删信息，力求完善。

我猜想，贝佐斯之所以规定会议资料要以文章形式呈现，就是希望员工不要跳过这样仔细研究和推敲的过程。

会议资料的内容比形式更重要

在制作 PPT 时，常常会为了追求美观而花时间加一些动画效果。明明只是几个要点，也要一条一条地展示，以凸显视觉冲击力。

贝佐斯最讨厌无用功。对他来说，耗费时间去添加这些动画效果就是在做无用功。“禁止使用 PPT”的规定也正体现了贝佐斯的管理观点：公司不需要华而不实的东西。

准 则

写作技能不过关，就无法加入亚马逊

因为亚马逊的会议资料必须撰写成文，所以公司必然要求员工具备一定的写作技能。但公司并没有特别安排商业写作方面的培训，这是因为早在招聘录用的过程中，就已经把写作能力列为筛选条件之一了。

刚开始禁止使用 PPT 的时候，许多员工的文章都写不好，这也让贝佐斯很头疼。所以后来录用新员工，都会考察写作技能。应聘者要撰写短文，文笔太稚嫩的会被淘汰掉。最后被录用的新人会在日常的工作中，一边参考别人写的东西，一边进行实操，就这样边看边学，逐步掌握亚马逊式的写作方法。

2 将会议资料统一为两大类：“1页纸”和“6页纸”

可能有人觉得像PPT那种只写要点的表达方式更为简洁，写成文章的话，免不了掺进无关紧要的内容，会很冗长。

不妨把会议资料比喻成蛋糕，松软的蛋糕看着可爱，但吃起来没有嚼劲，亚马逊想要的是口感扎实的蛋糕。也就是说，亚马逊在要求会议资料以文章形式呈现的同时，还希望文章没有多余的修饰，只保留最精简的内容。

为此，亚马逊对会议资料的页数进行了限制，要么写成1页，要么写成6页，公司内部称之为“1页纸”和“6页纸”。我会在后续章节中对这两类资料的写法分别进行说明。

总之，亚马逊企业内部使用的资料仅此两类，别无其他。

看到这里恐怕有人会提出质疑：如果要对某个大型项目进行说明，这页数怕是远远不够吧。这一点不用担心，因为作为补充资料的图表、表格、相关数据等，都必须放入附录中，附录的页数没有上限。也就是说，在“1页纸”或“6页纸”里，只容纳主讲人最想表达的信息。如果会议期间有人提出想看更详细的信息，那么主讲人就会引导提问者在附录中找答案。

亚马逊所使用的资料只有两大类

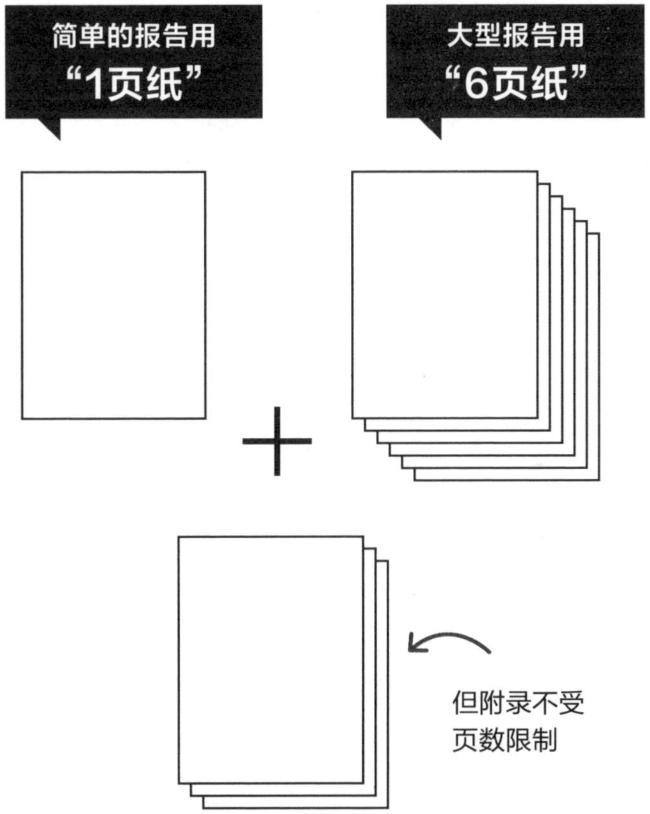
简单的报告用
“1页纸”
大型报告用
“6页纸”
但附录不受
页数限制

3 “1页纸”

“1页纸”是亚马逊的基本资料模式

在亚马逊，做简单汇报时用的资料被称作“1页纸”。顾名思义，就是要将发言的要点总结在1张纸上，并且只允许单面有内容。亚马逊日本分公司选择的纸张规格是 A4纸。

可以用到“1页纸”的会议场合很多。比如，启动新项目时，可以通过“1页纸”来阐述初步计划；策划促销活动时，也可以用“1页纸”来简要说明活动的大致内容。

除了在开会时用来辅助提案之外，“1页纸”还可以作为简单的总结报告，在日常工作的方方面面灵活使用。比如说，某个项目出了问题，导致数据异常。如果负责人认为不能立刻口头说清，还需要进行调查分析，那就可以在事后用“1页纸”来汇报调查的结果，写明问题的详情、产生的原因、实际采取的对策，以及最后结果。

下文的“1页纸”示例是一个关于情人节促销计划的模拟资料。从这个示例中可以看到，项目的背景、主旨、对应的行动计划，以及最后想达成的目标，都要简明扼要地写在1张A4纸上。

“1页纸”示例

情人节促销计划

市场企划部

××××年××月××日

背景

情人节是每年固定的促销季，但近来，客户需求越发多样化，女性向男性赠送情人节礼物的传统习俗逐渐淡化，造成销售额一直未能较往年有所突破。故今年希望通过开发新的主题，让促销活动更贴近消费者的需求。

问题

近年来，女性碍于情面在情人节给身边男士送“义理巧克力”的情况大幅减少。相反，女性为自己购买巧克力作为礼物的消费需求却在逐年递增。因此，现有选品无法确保完成销售任务。此外，由于健康意识的增强，许多消费者都开始有意少吃甜食，年轻消费者更是对巧克力避之不及。这使得我们失去了原本最主要的客群。随着互联网的发展，更多日本人了解到欧美人过情人节的方式，于是，由女性向男性赠送巧克力的习俗被打破了，男性也向女性赠送巧克力，朋友之间，甚至其他社交关系中也开始互相赠送“友情巧克力”。但巧克力的平均单价却由2017年度的1970日元，下降至2018年度的1850日元。

对策

为备战 2020 年情人节促销季，现考虑落实以下项目：

1. 开发高单价商品，充分挖掘消费者为犒劳自己而购买巧克力的需求，扩充高级进口巧克力的选品，力争增加人均单笔购买金额。

目标：平均单价 +60 日元

2. 开发以健康为导向的商品，针对健康意识较强的顾客，大力推荐可可含量较高的巧克力等商品。可以制作送给父亲的礼盒套装，借此挖掘面向中老年男性的送礼需求。

目标：售出 1000 份礼盒套装

（礼盒单价2000日元）

3. 开发除巧克力以外的其他商品，借鉴国外男性在情人节向女性赠送鲜花的习惯，以 20 岁至 30 岁男性为目标客群展开鲜花促销。

目标：鲜花销售量 + 100%

整体目标

情人节相关商品销售量 + 8%

4 “6页纸”

大型报告要控制在6张纸以内

除了“1页纸”之外，亚马逊还有另一种形式的会议资料，那就是“6页纸”。

像年度预算或大型项目的策划，只用“1页纸”确实说不清楚。但冗长赘述也绝不符合亚马逊的管理风格。遇到此类情况，写资料时除去附加材料之外，所有的信息必须被归纳整理在6张纸之内。

就拿新项目提案来说，如果只是提出想法，那么用“1页纸”就足够了。然而一旦想法获得通过、要拿出具体计划，“1页纸”就不够用了。因为此时需要说明的不仅有项目概要，还有为起草收支计划而收集的财务信息等各种详细内容。

“6页纸”的写作方法

我自己写的时候，会先想好行文的大致走向，列出一个提纲或粗略地打个草稿，在此基础上逐渐扩充内容。完成初稿后再进行精改，使整份资料篇幅适中。除了删冗补缺之外，还要多通读几遍，确保文章让人容易理解，行文中没有逻辑太跳脱或论证不足的地方，等等。

要完成一份“6页纸”的会议资料，无论是用日文还是用英文，都是相当耗费时间的工作。通常需要两天左右，有时甚至要花一周以上的时间来反复推敲。最重要的就是通过反复阅读，确保自己的意图和想法已通过文字很好地传达给读者。

“6页纸”的内容示例

- 服务的定义和概述
- 预算前景
- 时间表（预计实现盈利的时间）
- 商品定价
- 预想的消费人数
- 团队成员编制
- 应急的后备计划
- 财务信息
- ROI（投资回报率）

注：此表中的条目并不只针对亚马逊，任何企业在开展新服务或新业务时，都应将这些要素纳入考虑范围。

5 写出好读文章的两个原则

为什么有的人不善于撰写资料

亚马逊并没有针对“1页纸”或“6页纸”的写作方法开办讲座，员工们都是边做边学，互相借鉴。我最开始也写不好，尤其用英文写作，每次都是一场苦战。于是我花了一年时间，每周向一位英国老师讨教，不断精进自己的英文写作能力。

在那段时间里，我意识到写不好商业文书不只是英文不熟练的问题。就算用日文写了一篇文章，用精确度很高的翻译软件译成英文，以英文为母语的人有时也未必能读懂。可见，原本就写得不怎么好的文章，经过翻译更不会有所改观。现在很多公司都将英文作为日常办公的通用语言，但我认为，对东亚文化圈的各国和地区而言，如果以母语思维去进行英文写作，那无论如何也写不出好文章。

这不仅与个人的写作能力有关，还牵涉教育问题。美国的大学会讲授学术论文或商业文书的写作方法，而在东亚国家和地区，很多人直至大学毕业也不知道该怎样撰写商业文书。

不管要写“1页纸”还是“6页纸”，也不管是用日文还是英文来写作，要写好商业文书，就必须遵照这类文章的写作原则。否则，即便耗费大量时间反复推敲，写出来的文章也可能被认为太长了或者看不懂，甚至被上司批评说："这文章读起来太麻烦了，你再给我口头说明一下。"

我无法尽述商业文书的写作方法，仅以在亚马逊期间撰写书面资料的经验，提出以下两条写作原则。

原则1：结论先行

东亚各国和地区的职场人和欧美人在撰写商业文书时，写作顺序有着天壤之别。

美国人被灌输的写作方法是先阐述结论，然后再进行说明。但在东亚文化圈，写作先要陈述背景或说明过程，然后再得出结论。而且在说明过程时并非单纯摆事实，还会加入一些带有个人感情色彩的表述。这一点我也在所难免，以前我写的商业文书经常被认为前面的叙述部分不够扎实，最后的结论也不够明确。

写文章要先写结论，再用事实进行论证说明。意识到这一点，你写出的商业文书就能向"好读的文章"迈出一大步了。

原则2：多用句号

东亚各国和地区的职场人在写作方面还有一个问题：爱用逗号，句子拖得很长。或许因为如果通篇都用短句子，会被认为不够有文采。

前文提到过的那位帮助我提高写作能力的英国老师不止一次地告诫过我："要简洁地写出你想表达的内容，多用句号。"

文章要简短。这一点请务必牢记。

各位读者，如果你只是追求形式，决定从明天开始，自己公司的所有资料也都要用文章形式呈现，会议资料也统一成"1页纸"和"6页纸"两种类型，那可能只会得到一堆让人难以消化理解的书面资料，到头来觉得这方法实在是行不通，最后回到原点。

想要让亚马逊式的书面资料文化在你自己的企业里生根发芽，那就要在公司内部提倡"结论先行、简明扼要"的写作方法。

6 用于提案的资料 要以逆向思考法来推敲

逆向思考法是每个亚马逊员工都要学会的思考原则

很多会议都是以提案为目的而召开的，比如提出新产品、新服务、业务改善策略、人员录用计划，等等。针对提案会议的资料准备，亚马逊有一套自己的思考模式——逆向思考法，也被称作逆向工作法。这种方法在撰写提案类书面材料时非常有用，在此介绍给大家。

一般人在做计划时都会从现状出发，展望未来。也就是以现有实力、当下的市场环境等作为考量的起点，用叠加思考的方式逐步向前，做出整个计划。而亚马逊使用的逆向思考法是将这个过程完全倒过来，先确定最终目标，再反过来思考如何达成目标。

叠加思考法
与逆向思考法

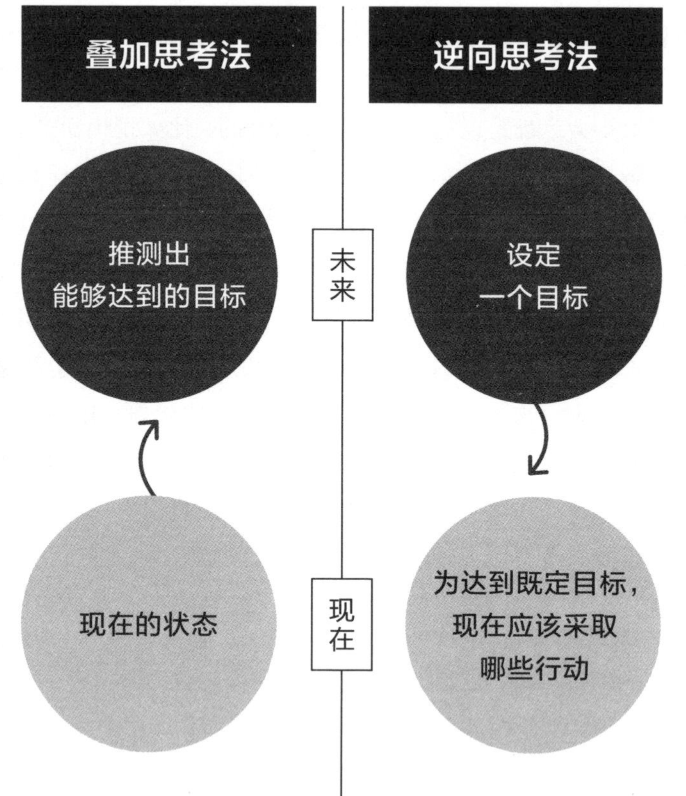

叠加思考法的局限性

先设定目标，再考虑哪些举措是达成目标的必经之路，这种从结果出发的逆向思考方法被亚马逊运用在日常工作的方方面面——书面资料的写作、制定预算、新项目提案，等等。如果固守着立足眼前的叠加思考法，恐怕很难像亚马逊那样，通过不断的创新改革，让逐渐壮大的企业持续发展和进步。

就拿制定销售预算来说，我们常常会列出自己的现有资源，然后思考如何通过落实某些举措，将销售量提升10%。这也就是大家常说的“画饼”。

亚马逊的做法则不同。他们不会从现有的资源出发，以叠加思考的模式设定计划，而是直接把“将销售额提升10%”定为目标，再考虑现状与目标之间的差距，进而研究缩短差距的方法。在这种思维方式下，更容易诞生突破性想法。

亚马逊的员工在想问题和做提案时都会自然而然地逆向思考，所以提案时所用的会议资料自然也会基于这个思路来撰写。在亚马逊，用于提案的会议资料是以新闻稿形式撰写的。我将在后面通过示例来说明逆向思考法在会议资料准备中的应用。

准 则

每个项目都有自己的“信条”(tenets)

在亚马逊，新项目落地时除了会有公开发布的新闻稿之外，还会附上一组“信条”。“信条”与后文中将提到的亚马逊领导力准则不同，并非全公司秉持的价值观，是由每个部门和各个项目组自己决定的。

例如，某个项目的内容是推行新的配送方法，那么该项目组的“信条”可能就是“我们要为客户提供最便利的配送服务”。根据这个“信条”，再利用逆向思考法，推导出什么样的配送方法能让客户在最需要的时候拿到他们最需要的商品。

“信条”还有一个作用——统一项目相关人员对目标愿景的认知，这是一个“内部对齐”的过程。这样一来，在遇到问题时就会有明确的应对标准：符合“信条”的就是正确选择，不符合的就是错误选择。“信条”就是要让项目相关人员在理念上达成共识。这种由各部门和项目组设立的“信条”无疑也能提高开会时的效率。

7 推出新项目时的说明资料要以新闻稿的形式撰写

新闻稿是能让方案更容易被接受的万用模版

在亚马逊，每天都有无数项目方案被起草，并在会议上讨论。提出项目方案时，亚马逊有一套特定的资料模式——新闻稿形式的说明资料。这里说的“新闻稿”，就是大家日常看到的、企业向媒体发布信息时使用的文书。

早在十几年前，亚马逊就开始在会议中使用这种形式的书面资料了。最初是负责销售的部门以新闻稿的形式提出促销活动或新服务的方案，后来这种方法广受好评，也在其他部门推广开来。

新闻稿形式的好处是容易被人接受。假设你要在会议上面向全公司提交提案。提案就意味着推出新举措，意味着目前的状态会发生改变。但公司人数众多，可能有人会对改变感到焦虑或恐惧，不想看到变化的发生，进而排斥甚至反对你的提案。如何排除此类阻力，让利益相关者充分理解改变将带来的好处呢？**亚马逊认为新闻稿形式的资料是一种很好的沟通工具，能够有效帮助主讲人说服利益相关者。**

下面，我会详细说明如何撰写新闻稿形式的书面资料。

用逆向思考法整理提案的思路

整理思路，就是用之前介绍过的逆向思考法来理顺关于提案（可以是新商品、新服务，或是各种新计划）的所有想法。

做提案之前要设立目标，考虑新服务能让客户有多满意，会为客户的生活带来什么样的改变，然后再去确认实现新服务所需的必要条件。以这种方式整理思路，不仅有利于项目的实现，还能指引我们去获得当前尚不具备的知识、能力和技术等。

下面是我经常使用的逆向思考应用模版，大家在运用逆向思考法时也可参考。

逆向思考应用模版

问题 想要解决的问题是什么?

问题 客户（也包括公司内部客户、贸易伙伴等）的痛点是什么?

问题 现有商品或流程足以解决这些痛点吗？为什么?

问题 如果不能，还有什么别的办法?

问题 靠自己公司的技术和组织能力，能否解决问题、实现商品化?

问题 如果本公司无法解决，有没有能提供解决方案的供应商?

问题 新商品的具体优势是什么?

问题 如何利用新商品的优势来解决问题?

问题 这是不是最简单的解决方案？如何可以更简化?

问题 客户对解决方案的满意程度是多少?

新闻稿形式的资料包括哪些内容

整理好思路之后，要将这些内容放到新闻稿形式的文档中。下面罗列了新闻稿形式的资料中应当包含的内容，还提供了一则以此架构撰写的示例，供大家参考。

参考示例后就能发现，撰写新闻稿形式的资料，要以外部视角，也就是客户视角为出发点进行构思。资料要解决的问题不是“我们想做些什么”，而是“客户会有什么样的感受，如何才能接受提案”。因此，必须尽可能避免内部视角。

除了新闻稿形式的资料之外，通常还会准备常见问题与解答和用户手册各一份，作为附加的补充材料。常见问题与解答是针对客户可能提出的问题进行预判，并给出相应的答案。要准备好这份资料，就必须想象客户在接触到新商品或新服务时所处的状态，细致地思考客户所处的场景。这也正是逆向思考法的一种实践。

新闻稿形式的资料应包含以下内容

标题

有关商品的简短说明。

副标题：目标市场

谁将从这项服务或商品中获益。

第 1 段：商品概要、优势

简要总结商品或服务的概况及优势。第 1 段非常重要，要让人即使不通读全文也能理解主旨。

第 2 段：要解决的问题

明确地陈述要解决的问题。

第 3 段：解决办法

清楚地写明问题的解决方案。点明解决方案的亮点。

第 4 段：负责人之声

在亚马逊，负责人要向客户传达商品所提供的价值。

第 5 段：过程易如反掌

让人了解启动这个新商品或新服务的过程有多简单。

第 6 段：客户之声

从客户的角度表达产品或服务的优势。

第 7 段：总结和补充

提供链接，导向商品详细资料及其他补充信息。

新闻稿形式的资料示例

标题

Office de Coffee 现已启动

副标题

EGP 推出咖啡配送服务，
在办公室就能享受现磨现煮的咖啡

第1段

2021年4月1日，神奈川县横滨市的 EGP 有限公司推出了名为“Office de Coffee”的办公室咖啡配送服务。现在，喝咖啡的上班族越来越多，很多人习惯去便利店或快餐店购买低价咖啡。新服务能满足这一日益增长的需求，不用在办公室设置专用咖啡机，就可以让上班族享受到现磨现做的咖啡，公司也不再需要为维护咖啡机设备而发愁了。即使附近没有便利店，或是遇上人数众多的会议，有了这项服务也能轻松地为所有人提供咖啡。这些都是这项新服务的便利之处。

第2段

很多上班族在办公室里想喝咖啡的时候，常常遇到咖啡机维修的情况。去便利店买咖啡的话，一来需要走一段距离，不够方便；二来每次都用一次性纸杯，不够环保。所以，很少有机会在办公室里喝到美味的现磨咖啡。

第3段

有了这项新服务，任何人都能在办公室里喝到美味的现磨咖啡，公司也不用再担心咖啡机设备维护方面的问题了。此项服务也支持使用自带的咖啡杯或保温杯，这契合了现今大众对环境问题的重视。

领导推进本项目的负责人佐藤先生更是对未来的业务扩展满怀期望。他说道："这项服务旨在使所有人都能以低廉的价格享受到现磨现做的咖啡，这一点已经受到了客户的好评。目前我们开发了便携式咖啡机，在设计方面尽可能减少操作人员上门服务时的工作量。改善员工的工作环境是很多企业面对的重要课题，在办公空间内引入各类服务的需求今后也会不断增加。我们将以这项咖啡配送服务为基础，逐渐发展出更多服务。" 第4段

使用服务只需要在专属网站进行注册即可，如果身处服务已覆盖的区域，则注册当日即可享受该服务带来的便利。付款方式也十分灵活，支持现金、信用卡或各类手机软件支付。 第5段

体验过此项服务的某位顾客表示非常满意，他说："此前都是去便利店买咖啡，但其实上班路上并不经过便利店，所以一直都要绕远路。自从有了这项服务，在办公室里就能喝到美味的现磨咖啡，真是省力多了。共有5种咖啡豆可供选择，让我这个咖啡爱好者十分欣喜。" 第6段

有关 Office de Coffee 的详细资料可登录 www.EGP.com/Office-de-coffee/ 查询，或发送邮件至 info@EGP.com 进行咨询。 第7段

常见问题与解答示例

Q **一杯咖啡的定价是多少?**

A 中杯120日元，大杯150日元，超大杯200日元。

Q **有几种饮品可供选择?**

A 一般提供5种咖啡豆和2种红茶，也供应拿铁、卡布奇诺。此外，还会根据季节提供两三种风味饮品。

Q **哪些地区将率先引入这项服务?**

A 横滨市已开始试运营。川崎市、世田谷区、目黑区、大田区也正计划启动该服务。

Q **该服务所需用水应如何处理?**

A 初始状态下有10升左右的饮用水，另有5升装的备用水。因此，一次补给足够制作100杯饮品。

Q 便携式咖啡机具体是如何运作的?

A 操作人员将便携式咖啡机背在身后。即使在空间紧凑的办公室内也可以灵活移动，为大家制作现磨咖啡。便携式咖啡机的背负系统设计基于人体工程学原理，其造型减轻了操作人员的负重。另外，咖啡机的设计也十分重视环保，咖啡制作过程中产生的咖啡渣会在机器内部进行再利用，成为煮水用的燃料。

Q 付款方式有哪些?

A 接受现金、信用卡、各类借记卡、约10种软件支付、ApplePay、约11种交通卡支付等付款方式。

Q 针对常客有何奖励机制?

A 针对在手机应用程序上注册的顾客，将实施买5送1的优惠，至2021年年底结束。

Q 预计何时可以实现盈利?

A 我们的目标是在2022年年初实现盈利。相关详情请移步至公司官网的财务专区查看。

用户手册中应当包含客户在使用商品或服务时需要了解的所有信息。

有了新闻稿形式的资料、常见问题及解答和用户手册，就能对自己要提出的产品或服务方案有清晰的认识。这几份资料不仅能方便提案人向其他部门和利益相关者进行说明，也更利于方案得到大家的认可。

虽然亚马逊内部不提供商业文书写作方面的培训，但在公司领导力培训的菜单中却能找到有关新闻稿撰写方法的课程。可见，亚马逊十分重视这种资料的写作能力。

要将自己的想法有效地传达给别人，方法有许多种。这里所介绍的不过是其中之一，希望借此抛砖引玉，而不是让大家觉得这就是完美的模版，只要照着模仿就行了。

8 不断进化才是不变的原则

亚马逊不设置固定模版

亚马逊非常看重新闻稿形式的书面资料，但也并没有规定员工一定要按照这个格式来写。我所介绍的是我所习惯的模版，并不是什么亚马逊官方模版。

亚马逊规定书面资料只有“1页纸”和“6页纸”两种，但在具体的写作方法上并没有严格的规定。也就是说，完全不存在某一栏要写目标、另一栏要写财务信息之类的固定模版。

如果用“1页纸”来写报告，内容通常会包括：出现了什么问题、发生问题的原因、解决问题的对策，以及最后的结论。但至于怎么写并没有硬性规定，只要让人容易理解就行了。格式方面，对字体的种类和大小确实有具体的规定，但这仅仅是为了方便整理和提交。

从这些点点滴滴中不难发现，亚马逊是一家不设置固定模版的公司。这又是为什么呢？

避免固化

商业环境不断变化，工作方式也要跟着发生改变。如果设置了僵硬的模版，那就可能被其束缚，无法适应环境的变化。这是亚马逊最不想看到的情况。

为了避免这种情况的发生，公司只在亚马逊领导力准则等价值观和目标层面寻求全员一致，至于达成目标的方法，则完全由负责的同事和部门各展其能。

如果将制作“6页纸”的书面资料比作登山，那么上山的路有千万条，后援保障队伍的人数（也就是附录的页数）不限，但最后冲顶的队员只有6名。

只要员工们在价值观上达成认同，就能避免行为上的偏差。在目标一致的前提下，应该让员工抛开条条框框，自由发挥想象。

案 例

传说中“一稿过”的新闻稿

在亚马逊的领导力培训中，有一份“传说中的新闻稿”经常被提起。

亚马逊原本的销售模式是以低价提供量贩式的商品。像可乐或啤酒这种饮料，都是一打两打起卖，几乎没有散装单瓶出售。但对于消费者来说，不一定需要一次购入这么多。比如有人家里住房条件有限，一次买太多东西的话根本无法储藏。

有一位员工注意到了消费者的这一痛点，提出让亚马逊替顾客储存食物的想法。一般的美国家庭中，厨房旁边都会预留一个储藏食物的空间，用来放罐头食品，以备不时之需。如果消费者能把亚马逊当作自家的食物储藏室，那就可以毫无顾虑地购买量贩式商品，亚马逊只要每次按需配送就行了。当然，顾客只需要一瓶可乐的话确实有些浪费运力，那就搭配其他物品，以一定体积标准的送货箱为单位进行配送。

那份“传说中的新闻稿”就是这位员工完成并成功提案的。

为了打动贝佐斯及其他公司高层，这份新闻稿一开头就对客户的生活场景进行了描写：一位既要工作又要照顾小孩的主妇在日常生活和购物时总会遇到这样那样的不便——在不经意间点出了目标客户的痛点。

紧接着，一句引言让新闻稿中的故事情节急转直下："有一天，我的生活发生了巨变。因为我选择了亚马逊的食品储藏室服务。"

客户所经历的不便和麻烦都写得一目了然，这样读者也能理解为什么客户之前都没有选择在亚马逊进行采购。接着读下去，就能直观地了解到新服务能给客户的生活带来什么样的改变，产生什么样的效果。

所以贝佐斯在读完这篇新闻稿之后，当即批准了提案。这个案例也成了流传在亚马逊公司里的一段佳话。

CHAPTER 3
第三章

亚马逊的决策会议

引言：
在高效、不出错的前提下做出决定

所谓决策会议，就是要由决策者针对提案，做出确认、通过，或要求再次提报的决定。通俗一点来说，就是要做出决定的会议场合。这种场合可以是：决定某个项目开始或终止、人事聘用决定、设备投资决定，等等。

作为提案人，必须收集好相关信息，为说明提案做好准备，以帮助决策者在有限的时间内对提案做出明确的判断。

决策会议最需要避免陷入无法决定的局面。如果会议在无法做出决策的状态下无疾而终，那产出成果就是零。这不仅会影响业务推进的速度感，也会给与会者留下挫败感。

当然，无法当场得出结论的情况是不可能完全避免的，但大多是因为开会的方法有问题。如何才能不做无用功、高效地产生高质量的决策呢？本章将介绍一些适用于决策会议的原则和方法。

1 项目主管就是会议的负责人

要让会议的负责人主持会议进程

一次会议的组织者就是该会议的负责人。可以说决策会议的成功与否就取决于这位负责人。

在很多公司，会议的负责人往往并不是会议的主持人。“部长，我们差不多可以进入下一个议题了吧？”——通常会议主持人都会先向会议的负责人请示一番。

但是在亚马逊，**项目主管或掌握项目进度的人就是会议的负责人，他要引导和推动会议的进程**。这是高效地做出高质量决策的必需条件。

如果会议的负责人和主持人不是同一个人，那么主持人就要不断向负责人请示。这样一来，既要顾及负责人的意向又要推进会议进程，主持人可能会在某些论点上做出妥协，也可能会被音量较大的人牵着鼻子走。决策会议中，会议进程是否顺利固然重要，但会议成败的关键，说到底还是要看成果如何。如果没有成果，那会议就是失败的。

项目主管作为要对项目结果负责的人，必须指明决策会议的方向，并引导大家进行讨论。既要为会议提供明确的方向性，也要把自己对项目的热情传达给与会的人。

会议负责人的角色

会议负责人的角色非常重要：不仅要负责召集会议，履行主持人的职责，推动会议进程，还要撰写和发布会议纪要（实际操作中，也可以交给别人来完成）。总而言之，“负责人”这个称呼就意味着，要对会议负责到底。

会议负责人还有一项重要任务——将会议上约定好的事项明确化，并确保彻底落实。为了防止“说过就算做过”的情况，必须进行适当的跟进，确保决策转化为成果。有关这一点，我会在第五章中再做介绍。

下面，我会顺着会议流程，逐一讲解召开决策会议时负责人应注意的事项。

会议负责人的角色

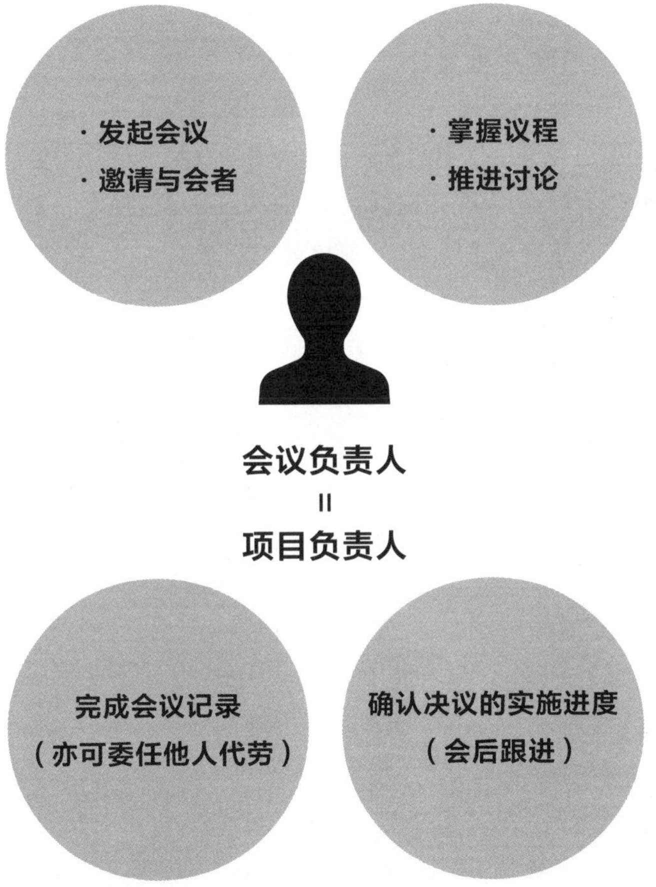
· 发起会议
· 邀请与会者
· 掌握议程
· 推进讨论
会议负责人
=
项目负责人
完成会议记录
（亦可委任他人代劳）
确认决议的实施进度
（会后跟进）

2 用“3个W”让与会者对会议目标达成共识

会议前后要产生变化

如果在会议结束的时候，与会者所掌握的信息与会前相比并没有什么变化，那这次会议的产出成果就是零。如果一次会议不能带来任何改变，那就毫无意义。

理想的决策会议应当让大家为了明确的目的展开适当讨论，决定下一步该如何进行，让大家带着对后续行动的共识走出会议室。就算最后的讨论结果与会前预想的不同，只要所有人能对结果达成共识，会议就算是有成果的。

开会要耗费大量的资源，包括时间和劳动力。所以既然开了，就一定要在限定的时间内拿出成果。

要对目标达成共识

为了保证会议能做出正确的决策，会议负责人必须做好事前的准备。在召集会议的同时，会议负责人就必须向与会者明确会议召开的目的，让大家清楚地知道会议需要取得什么样的成果。

为此，可以用“3个 W”有效地设定会议目标，即：

- 任务（what）
- 人员（who）
- 时间节点（when）

会议负责人要在召集会议和会议开始时让所有人明确目标，这是避免决策会议无疾而终的第一步。

3 会议从“沉默”开始

用15分钟进行默读

在亚马逊的决策会议上，在主持人明确会议目标、说明议题的先后顺序、确保与会者都拿到资料后，还有一个特殊的“仪式”。

大多数公司都会让发起提案的员工先陈述提案的梗概，但亚马逊的做法截然不同——会议一开始，大家各自低头默读手边的会议资料。就算事先已经通过电邮将资料发送给与会者了，会上也会留出一定的阅读时间。“1页纸”的阅读时限是5分钟，“6页纸”是15分钟。浏览资料期间一定要保持会场安静，不接受任何提问。

高质量的会议资料和默读时间有助于避免无谓的提问

在会议开始前设置默读时间是有道理的。

如果会议一开始，就让准备资料的同事对内容梗概进行口头说明，那很可能遇到这样的问题：当主讲人说到资料的第2页时有人举手提问，但问题的答案就在资料的第4页。也就是说，提问的人不熟悉资料的全部内容，想到哪里就问到哪里。请大家回想一下自己以前做报告的场景，面对别人的提问，你有没有说过“我们稍后就会提到这一点”？

贝佐斯就非常不喜欢这种无谓的提问。所以他定下这个默读的规则，边读边在有疑问的地方打上问号。如果能在后文中找到答案，那么问题就解决了；如果读完全文都没找到答案，那再提问也不迟。这样一来就避免了对本来就会说明的问题进行提问，为大家节省了时间。

为什么亚马逊的会议要从沉默开始？

【常见的会议】

听比读快，你还是口头汇报吧。
× ×写在哪一页了？
在第× ×页。
让我来口头补充说明一下吧。

· 明明资料里都有提及，没读资料就发问，造成时间上的浪费。
· 反正可以口头补充说明，准备资料的时候就会偷工减料。

►►► 会议时间被拖长

【亚马逊的会议】

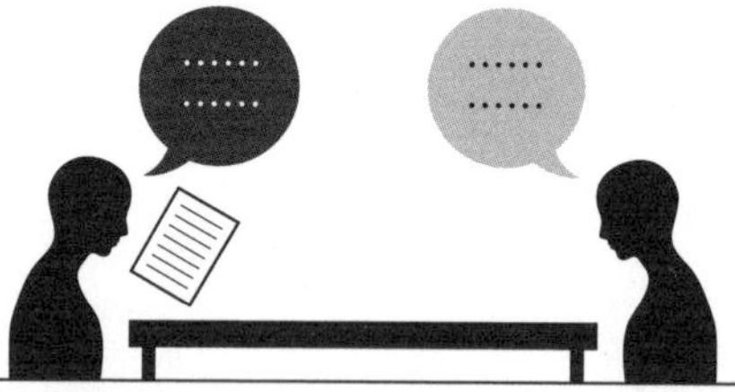

· 阅读完资料才能开始讨论，所以一开始先集中注意力阅读资料。
· 文章要能让人在短时间内容易理解，所以对资料制作的要求就提高了。

►►► 会议高效推进，不浪费时间

一言不发的会议质量最高

对于决策会议，贝佐斯非常坚持要在会前留出默读资料的时间。此后，会议主持人会询问与会者有没有什么问题，顺势引导大家开始讨论。有的主持人会在讨论开始之前简短地总结一下资料的概要，这因人而异，并没有硬性规定。即使没有这个环节，经过15分钟的默读时间，全员也都已经理解了会议资料的内容，可以开始进行讨论了。

其实在亚马逊，最理想的会议是一言不发就默默结束的会议。在阅读完“1页纸”的会议资料后，主持人问：“大家有任何疑问吗？”如果没有就表示议题通过。“6页纸”的会议资料也是一样，如果与会者对任何一页都没有疑问或顾虑，那么会议过后就可以照着计划去落实了。

对于亚马逊来说，除了将在第四章中做详细介绍的创意发掘会议，其他以达成决议为目标的会议都可以这样进行。如果与会者对资料没有任何异议，不需要经过任何讨论就能达成共识，那就是最理想、最高质量的会议。

4 会议负责人的三项职责

调动所有与会者

前文中提到过，与会者不发一言就能达成共识的会议是最理想的。但现实中，就算是在亚马逊，这种情况也是少之又少。为了在有限的时间内做出决策，会议负责人就必须管理好讨论环节。

想做出最科学的决策，就必须灵活调动所有参与者的智慧。在亚马逊的会议上，与会者都读完会议资料之后，主持人就开始征询大家对资料的意见和想法，想办法让讨论活跃起来。只有将所有相关人员都调动起来，让大家从各自不同的观点出发来参与讨论，才能做出正确的决策。

如果有人默不作声，会议负责人绝不能草率地认定他已经了解情况、没有问题了，而是应该反过来向这些人确认是否真的没有问题。只有确保所有人目标一致，达成共识，会议才能取得理想的成果。

时间管理

相信大家都遇到过这样的情况：讨论正处于白热化阶段，抬头瞟了一眼时钟，发现离预定的结束时间只剩5分钟了，于是，由于时间限制无法得出结果，只能再约时间重新讨论，可到了下一次开会的时候又重蹈覆辙。

开会时，所有与会者都会把讨论出最好的结果视作头等大事，有时不惜为此延长会议时间。但为了不浪费公司的资源，保持运作效率，在不影响决策质量的前提下，严格控制会议的时间是很重要的。

时间管理是会议负责人的重要职责之一。开会时负责人不仅要推进讨论，还要分配好时间。比如1小时的会议要留出10分钟来进行总结，如果是半个小时的会议就留出5分钟。这些时间都要预先安排好。

不过话说回来，会议主持人也是普通人，也会投入到热烈的讨论中，不知不觉忘记时间。如果自知会有这样的可能性，就要委托别人共同看好时间，或是借助手机、定时器之类的工具来提醒自己。

撰写会议纪要

在亚马逊，只要开会就必须留下会议纪要。因为没有纪要就很难回想起之前的会议中说过些什么，如果下一次开会时还重复前一次会议的内容，就太浪费时间了。

亚马逊规定，会议负责人要撰写会议纪要。但如果实在无法在主持会议的同时兼顾记录的工作，也可以请其他与会者代劳。即便如此，会议结束后向相关人员发送会议纪要依旧是会议负责人的责任。

会议纪要必须趁与会者的记忆还新鲜时尽早发送，否则就会因时间隔得太久而产生陌生感。在亚马逊，会议负责人应尽量在会议当天发送纪要，有些人甚至可以一边主持会议一边打字做记录，一开完会就能直接把纪要发送给与会所有人。

案　例

会议纪要速成法

我的建议是：事先定好格式，开会时把具体内容填进去。这样不用耗费太多时间就能轻松完成一份会议纪要。

开会时，我经常在白板上写下“本次会议的决策”“下次开会前要完成的工作”“负责人”等栏目，一边开会一边填空，最后用手机拍下照片，发送给与会者。可以说，只用一秒钟就完成了会议纪要。

有些会议在召开前会有邮件通知，写明了会议目的。这种情况下，会后可以直接回复这封邮件，列出会上所做的决定，以及下一步要采取的行动，抄送给与会的所有人就可以了。

写会议纪要时并不需要费力地对文章精雕细琢，只要保证让人日后翻阅起来也能轻松读懂就可以。无论是简单的讨论还是正式的会议，纪要的形式都可以根据会议的内容、性质和规格进行灵活的调整。

5 用转述、搁置区、抽离这三种工具来管理会议的讨论环节

会议讨论是否有效，要看主持人的水平

不充分利用与会者的知识和见解，是无法在会议上得到最佳决策的。为此，会议主持人需要鼓励发言、活跃气氛，以推进议题的讨论。

如果讨论陷入僵局，与会者的思路都绕不出死胡同，那主持人就必须适当带动节奏。此时可以进行引导性提问，比如“不如就此展开讲一讲”，或“为什么你觉得应该这样做呢”，帮助大家分析原因，开阔视野，理清思路。有时讨论虽然很热烈，但兜兜转转没有什么实质上的进展，为了避免浪费时间，主持人也可以将后面的议题先调整到前面来讨论。

总之，要灵活变通，尝试用各种方法使讨论更有成效。

下面介绍三种可以活跃决策会议讨论气氛的技巧。这些都是我的亲身经验，也是在亚马逊最经常被提到的重要方法。

用转述的方法引导与会者说出意见

亚马逊的会议上没有与议题无关的参加者。不需要参加会议的人不会收到邀请，即便收到了也会自动拒绝出席。所以每一个与会者都是决策相关者，只要出席会议就应该发言。会议负责人有义务提醒发言不足的与会者参与讨论，因为只靠少数人的发言是无法得到最佳决策的。

作为主持人，如果发现有人一直在聚精会神地倾听发言，那就应该主动询问一下他们的意见。其实，这些人很可能脑子里已经有了解决问题的点子，只是还没组织好语言，或是有顾虑不好意思发言。遇到这种情况，主持人就可以用转述的方法来帮助他们进行表达。

转述可以是对没有表述清楚的部分进行补充，也可以是换一种说法让别人更好理解。这么做可以有助于让发言不多的与会者参与到讨论中，更好地发表论点。

转 述

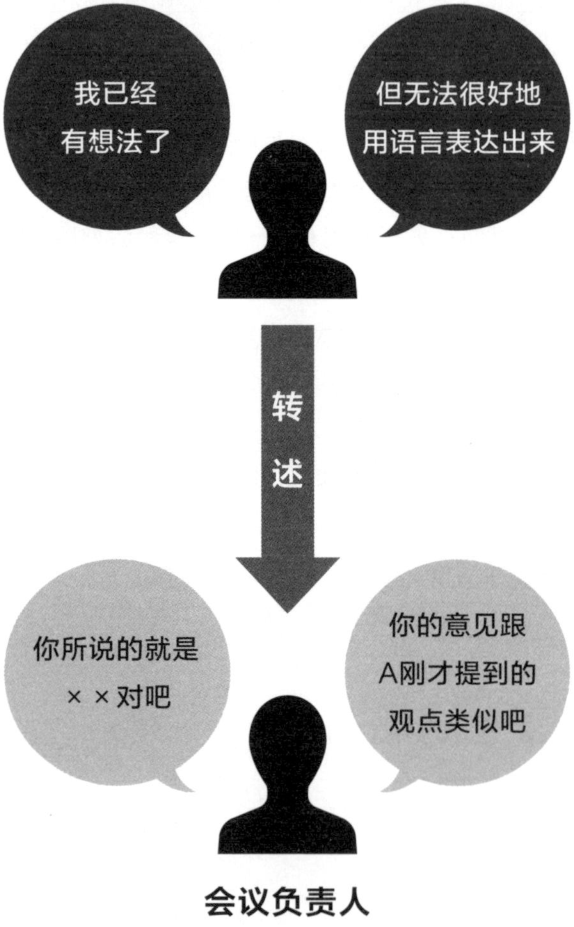
我已经有想法了
但无法很好地用语言表达出来
转述
你所说的就是××对吧
你的意见跟A刚才提到的观点类似吧
会议负责人

用搁置区把话题带回正轨

想让讨论不受阻碍地顺利进行下去，可以在白板的角落里划出一块搁置区。

这个区域就像一个临时停车场。如果会上出现了一些偏离主题的发言，主持人就可以说：“虽然这个观点也很重要，但似乎与当下讨论的话题不完全契合，我们先把它放在搁置区，留待下次再做讨论。”当然，等到原定的议题都讨论完了，时间尚有宽裕的话，也可以接着讨论搁置区中的话题。

设立搁置区，可以防止在偏离会议主题的论点上深入下去，导致没有时间讨论正题。另外，有些论点虽然偏离了本次会议的主题，却有可能牵动后续的其他问题，所以也应当另找专门的时间，再行讨论。

搁置区作为一种会议工具，既能将话题拉回正轨，又不会让发言偏题的与会者感到难堪。毕竟，在会上表达自己想法的人都是出于好意，如果完全被漠视，积极性很有可能受到伤害。而放入搁置区后，大家就会觉得这也是有价值的发言，应当重视。

搁置区的存在，就是为了表达对与会者的尊重。

搁置区

遇到偏离正题的发言也不要漠视，可以先放到搁置区，让与会者保持踊跃发言的劲头，继续参与讨论。

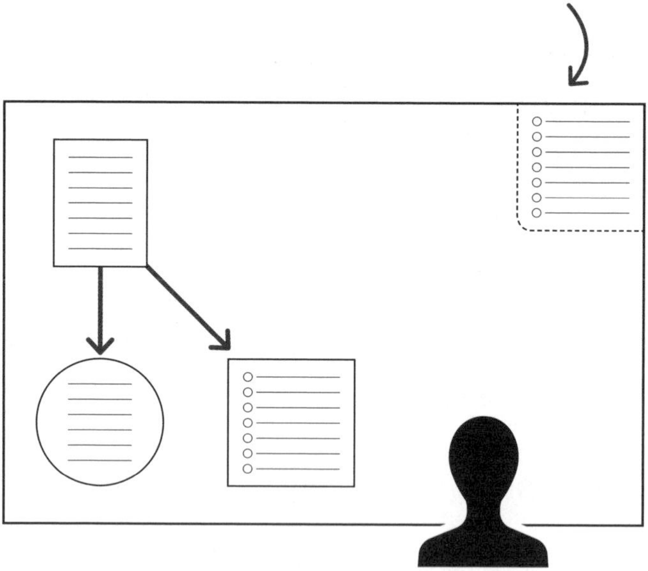

用抽离的视角冷静观察讨论

开会时没人发言不行，但讨论热烈到场面难以控制，也是个问题。遇到这种情况，主持人就要调节会场讨论的气氛，提醒大家稍微缓和一下。作为会议负责人，为了能按照会议目标引导与会者讨论出结果，最应当时刻保持冷静和客观。保持冷静的一个方法就是换个视角，抽离出来看一看。

英文中有一种说法：离开舞池，到露台上透透气。在亚马逊开会时人们也常常会这样说。大家都挤在同一个舞池（议题）中跳舞（讨论），不免无法看清全局，这时就需要走到露台上，用抽离的视角从容地观察整个会场，冷静了解每个人的行动和论点。

拥有抽离视角很简单，只需要试着从座位上站起来就可以。**在亚马逊的会议上你经常能见到这样的情形，物理位置的改变可以影响思维角度**，让你发现不一样的景色，从而可能激发出不一样的观点和发言。

这三个技巧都是我在亚马逊参加领导力培训时学到的，通过日常实践，证明非常有效。

抽　离

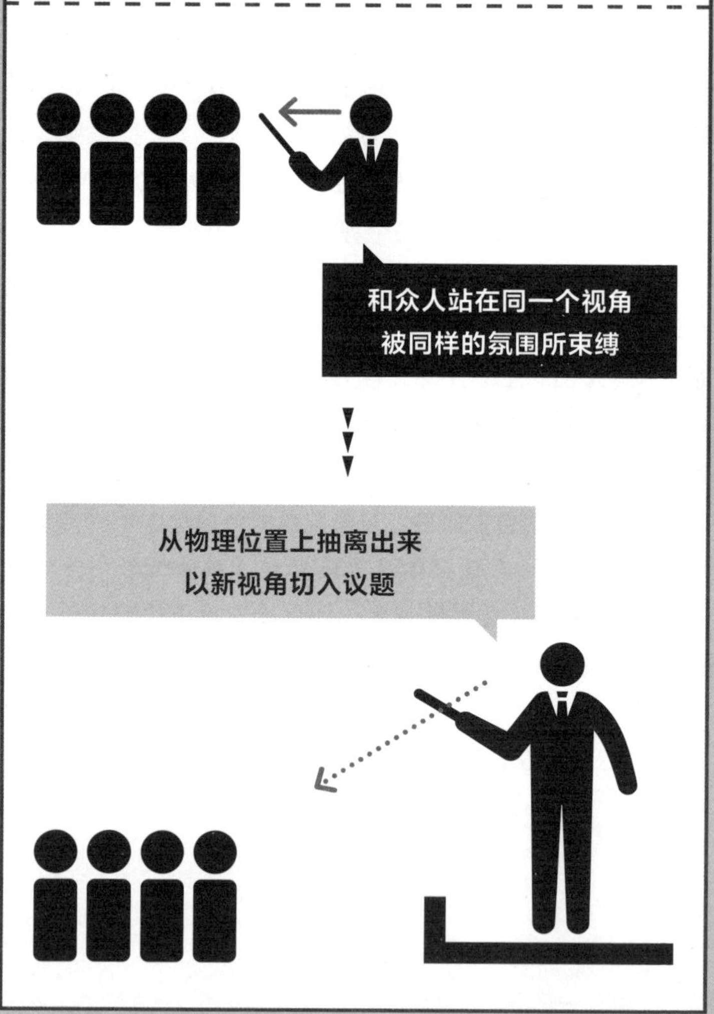
和众人站在同一个视角
被同样的氛围所束缚
从物理位置上抽离出来
以新视角切入议题

6 贝佐斯痛恨社交化从众

严禁出现“各有利弊”这样的答案

为了在会议上讨论出一个结果，与会者有时会做出妥协。对于靠妥协来得出结论的做法，贝佐斯总是苦口婆心地告诫员工：“要提防社交化从众。”

贝佐斯告诫员工要避免的是“向社交场合的氛围妥协，得出折中结论”。他曾举过一个测量天花板的例子来说明自己的这一观点。A 和 B 两个人目测天花板的高度。A 说：“应该有3米高。”B 说：“我觉得是2.8米。”在这种情况下，第三者常常会采取折中的态度：“那我们就取两个人意见的中间值，算是2.9米吧。”这就是社交化从众。

贝佐斯认为：想知道天花板的高度，必须要用尺量。因为不以事实为依据的妥协就是对客户不负责任。或许客户希望房间层高有3米，但我们选择了折中，所以只能提供2.9米高的天花板，距离客户的期盼就差了这么10厘米。

所以不要轻易通过折中两种意见来得到一个结论，要确认事实，再基于事实做出最好的决策。这件事非常重要，我们将在第五章关于 PDCA 循环的部分继续探讨。

天花板有多高?

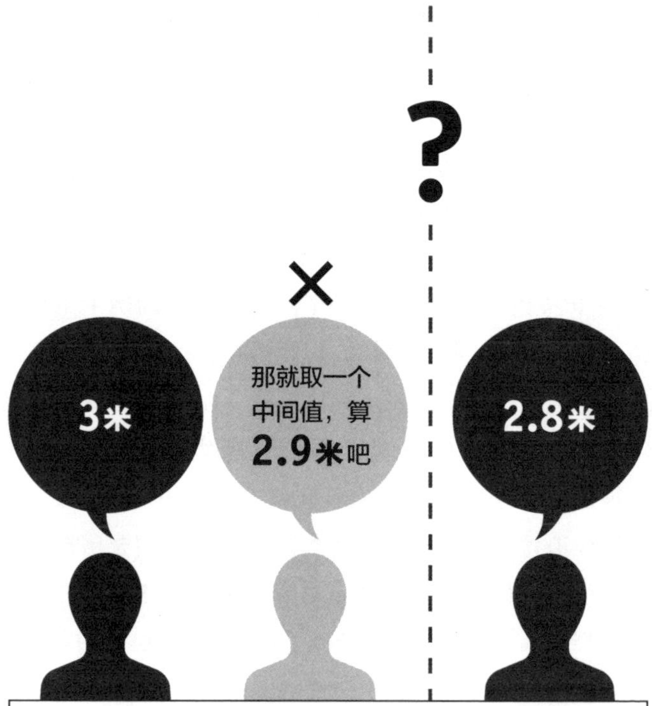

不被社交化从众裹挟，
不靠妥协达成一致，
要进行严谨的测量，根据数据得出结论。

社交化从众是很多会议中的常见现象

在现实中，我们面对的情况要比天花板高度这个例子复杂得多，经常需要在多种意见之间得出结论，因此要避免自己受到周围社会环境的影响，努力只基于事实和数据得出结论。

我们在做决策的时候，常常会混杂进一些与决策本身无关的因素。例如，“那个人以前还挺照顾我的”“那个部门的意见不能不听”，等等。这些都是典型的社交化从众。

从这个角度来审视很多公司的开会现场，就会发现妥协现象十分常见。

与会各方在讨论前就会进行疏通和交涉，摸索可以做出妥协的折中点，开会时就以那个折中点为目标来推进。最后得出了早就预料到的妥协结果，还感觉“今天会议进展十分顺利”。

在这种情况下，相比会上的讨论，会前的斡旋和疏通显然更为重要。这不仅让结论变成了妥协的产物，拉低了整体决策的标准，也让会议沦为一种形式。

当然，亚马逊也不是完全不存在会前疏通。如果你预判到会议有可能陷入难以收拾的局面，那完全可以事先找到关键人物，把自己的意向表达清楚，并提供相关的数据资料作为补充，先为自己找到盟友。这并不能算是要求别人做出妥协，而是为了让自己的目标更容易达成而采取的一种战术。

这也是我在亚马逊的领导力培训中学习到的技能之一。

但如果你靠事先斡旋，先妥协出一个折中的目标，那即使在正式会议上能比较快地得到结果，也与力求最佳决策的会议目的背道而驰。

在亚马逊的决策会议上，靠社交化从众和妥协得到的方案都会遭到排斥，与会者总是把顾客摆在第一位，以此为前提展开讨论。会议上最常提及的问题就是:“你这样真的是在为顾客考虑吗?”

7 全员秉持“敢于谏言，服从大局”的精神

有反对意见就要在会议上提出

“敢于谏言，服从大局”的意思是说：要有透彻的思考，有异议要在会上提出，一旦达成一致就要全心投入。这是亚马逊领导力准则中的一则，它对决策会议有非常重要的意义。

在很多企业的会议上，一言不发的与会者并不少见，通常讲话的就两三个人，大多数人只是坐着听。还有些人认为开会是浪费时间，不如做些别的事情，于是会还没开完，就拿出电脑处理起其他工作来。

但会议本该是大家交换意见的场合，被邀请出席的人都有发言的义务。如果一个人以部门代表的身份出席会议却不发言，那么这个部门的意见就无法得到体现。如果你不同意别人的看法，那就有责任解释原因。等到出问题时抱怨说“我原本就不赞成”，是亚马逊最忌讳的情况。既然开会时决策是全员一致通过的，那每个人都必须对这个决策负责。

达成共识就要全力投入

经历唇枪舌剑之后得出的结论，即使部分与会者内心还是无法完全认同，也必须百分之百投入，这也是作为亚马逊员工的必备素质。

因为只有做出百分之百的投入才有机会成就一件事，假如只投入80%，那就很可能失败。另外，无论在讨论过程中哪个人发表过什么样的观点，在得出最终结论之后，都不能认为未被采纳的意见是失败观点。

如果你想参考亚马逊的开会方式，那就要在会议中践行“敢于谏言，服从大局”的理念。

亚马逊的人事考核中对“马后炮”行为进行扣分

会议

▼

结合其他同事的反馈，进行全面评价

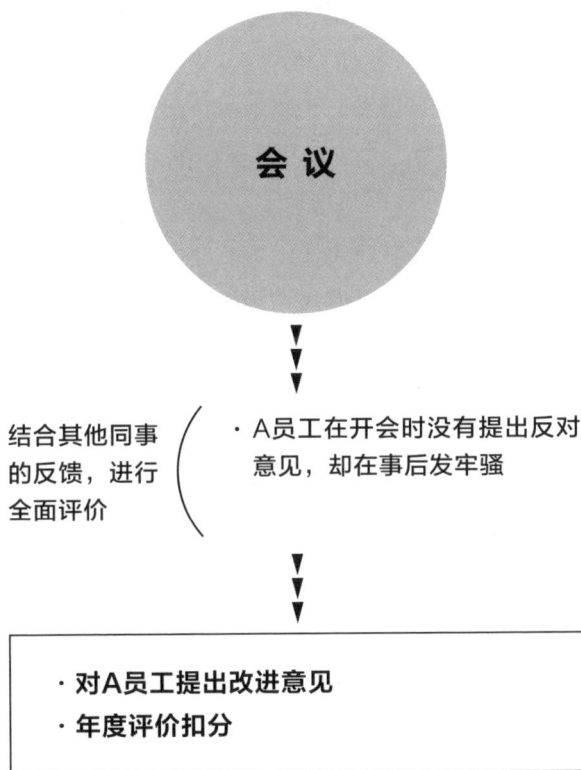

· A员工在开会时没有提出反对意见，却在事后发牢骚

▼

· **对A员工提出改进意见**
· **年度评价扣分**

8 会议最后，要确定衡量成败的标准

任务、人员、时间节点都确定了，会议才算结束

会议的结尾非常重要。不仅要总结会上说过的话、做出的决定，还要为开启下一步建立通道。最不可取的会议结尾，就是简单说一句“今天的讨论很热烈，非常好”就草草收场。

关于会议上决定好的事项，与会的所有人都会自然而然地期待每个环节的负责人能主动担起责任。但如果会议结束时，还不明确哪些“人员”在什么“时间节点”上要完成哪些“任务”，那即使做出了正确决策，知道接下去应该如何推动，决策和行动也不会产生联动，项目就无法按照预期顺利发展。

在任务、人员、时间节点这3个要素中，人员和时间节点更容易被忽视。比如，有人在会上说“这项任务由 A 部门负责”，而 A 部门刚好有几位同事都在会上，他们可能会面面相觑，不知道谁该承担这个责任。想避免这种情况的出现，就一定要把任务落实到个人。可以考虑在会前就严格筛选与会者，规定每个部门只能派一名代表出席会议。这样一来，那位代表就势必担起责任，在会后付诸行动。

关于时间的问题也是一样。比如，有些领导者在布置任务的时候模棱两可，只给出一个类似“下个月上旬完成就行”

的要求，那办事的人就很可能会拖拖拉拉。因为所谓“上旬”是个时间的区间，到几日为止算是上旬，几日开始算是中旬，20日算中旬还是下旬，都是因人而异的模糊概念。

所以要尽可能避免不清晰的说法，把具体时间定下来，甚至精确到几月几日以及星期几的几点钟。

衡量成败的标准是什么

对于一次决策会议，重要的不仅是决定启动某个项目，明确后续该做什么、该怎么做，还要定下衡量项目最终成败的标准。评判任何事情都要有客观标准，不然的话你无法确定做到什么程度才算是完成了，也无从评判效果是好是坏，更无法从中汲取有用的经验。

在亚马逊，为了方便管理进度，会针对既定决策制定衡量其成败的 KPI(key performance indicator，关键绩效指标)，把结果转化成更直观的数字，用客观数字对项目的落实情况进行监测，一旦出现问题就可以立即发现，迅速采取干预措施。亚马逊内部将 KPI 称为 metrics（指标），为防止混淆，本书统一使用“KPI”一词。关于 KPI 的相关规则，我将在第五章给大家详细介绍。

如果要审视会议的产出效率，不是去看开会时讨论了些什么，而是要看会议最终取得了什么成果。所以 KPI 是必不可少的，有了它，就更容易地运用 PDCA 循环对项目进行复盘，项目的成功率也会更高。

CHAPTER 4

第四章

亚马逊的创意发掘会议

amazon

引言：很多企业都缺乏发掘创意的会议

前面说过，像信息传达会这种无谓的会议应当减少。另外，有些会议则应适当增加，比如发掘创意的会议。企业应该培养能够组织这类会议的人才，如果以这些人为核心推进会议，一定能让好点子层出不穷。从很早以前，日本制造业就有从生产第一线发掘好点子，再基于这些想法改进日常运作的传统。哪怕是流水线上某个位置的工人，也可以细心地发现“这个工位常常容易出错，好像是因为有什么异常”。日本工厂一线人员的能动性让许多海外企业都心悦诚服。

但问题是，生产第一线的能动性无法被转移到公司总部的办公室里。尤其是到了开会的时候，与会者都被框在会议室里，那种自下而上、从实践中激发创意的环境就消失了。

想法要以实践为土壤，会议上想出来的好点子要付诸实践才能开花结果。这个道理看似简单，其实能大幅提高效率。想发掘出好点子，就要营造一个良好的创意环境，在开会风格上下功夫。本章将介绍亚马逊式的创意发掘会议，内容将涵盖头脑风暴和外出会议这两种工作方式。

1 亚马逊最喜欢头脑风暴

针对身边的事物进行头脑风暴

头脑风暴是亚马逊在探索新想法、新创意时经常用到的一种工作方法。知道这个名词的人肯定不少，但真正实践过的人恐怕没有那么多。就拿我自己来说，在之前的某段职业经历中，从未参与过部门内部的头脑风暴。因为在一般的公司里，恐怕只有策划部门或新业务开发部门才需要面对从零开始的创造性工作，一般业务中几乎不需要考虑这种情况。

但在美国，学生在上课时就要参与各种讨论，提出自己的想法，并整理成报告。有了这些实操经验，他们走入职场之后也会自然而然地在工作中运用头脑风暴这一方法。

其实只要习惯了，头脑风暴并不是什么高深的手段。在亚马逊的网站上搜索“头脑风暴”一词，就能发现许多讲解其方法的书籍。大家可以拿来参考，并在日常工作中大胆实践。

在实践中，或许你会遇到这样的状况：向团队布置任务，让所有人独立思考并拿出各自的策划案，结果收到的尽是些平平无奇的想法。这时如果引入头脑风暴，或许就会带来不一样的结果。仅凭个人或许想不出好点子，但谁都可能被别人的某个想法启发，产生思维的火花，触发新的创意。哪怕想出来的都是些异想天开的点子，都是不具有可行性的想法，或是需要花费大量金钱和精力才能实现的方案，但只要掌握了这样的思维方法，就能以此为线索，探索实现想法的手段，想办法提高效率、降低成本。

这种思维的自由碰撞正是头脑风暴的精华所在，也是循规蹈矩的叠加思考法所无法企及的。

什么场合适合进行头脑风暴

头脑风暴的效果确实让人期待，但如果无论遇到什么问题都想头脑风暴一下，也是不可取的。在合适的时间和场合进行头脑风暴才是关键。

如果大家对解决方案已经有大致概念了，那么召开一般的会议，正常进行讨论会更有效率。因为大方向已经清晰了，相比天马行空的新想法，此刻更需要切合实际的措施。

最适合头脑风暴的情况是：大家对解决方案都毫无头绪，根本不知道应该通过何种方法去实现目标。这时发起头脑风暴，可以收集各种想法，从而有机会找到创新的解决方案。

在亚马逊，公司里既有极少数人参与的小型头脑风暴，也有大型头脑风暴，本章后半部分介绍的外出会议就是一种。亚马逊使用各种规模的头脑风暴，创造出了许多新业务和新服务。可以说，头脑风暴就是亚马逊创新的原动力。

下面我就来说明一下头脑风暴的操作方法。

将一般讨论和头脑风暴分开使用

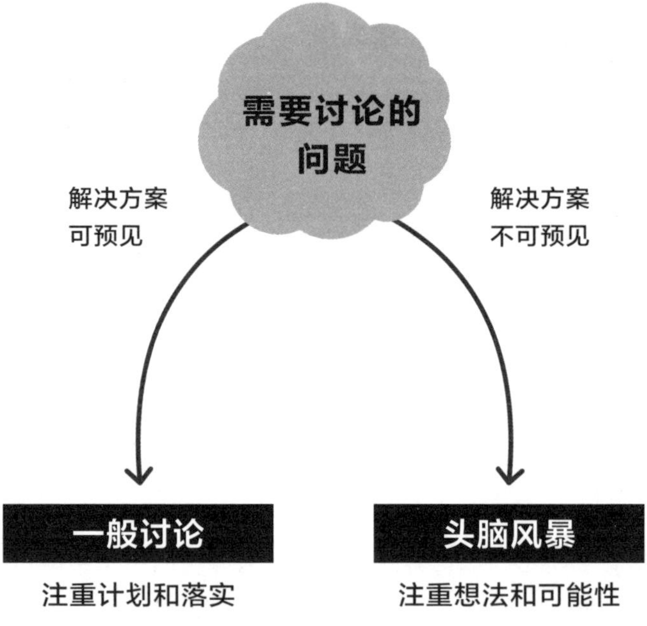

2 亚马逊式头脑风暴的规则

参加者及团队的组成

一个人是没法进行头脑风暴的。亚马逊的头脑风暴通常都是五六个人参加，这些人可能是同一部门的同事，也可能是来自不同部门的成员，为了同一个项目聚到一起集思广益。把人数设定在五六个人，是为了确保能产生足够多样的点子。不过要注意，参与头脑风暴的人数也不是越多越好。

在这里我想提一下亚马逊的一项重要的管理原则——“两张比萨原则”。两张比萨通常足够6个人到8个人吃，**贝佐斯使用“两张比萨”这个说法来限定与会人数**。亚马逊认为，人多口杂的讨论是不能解决任何问题的，只召集能解决问题的相关人员进行讨论会更有效率。

亚马逊在办公空间的设计上也充分体现了这一原则。公司内很少见到能容纳几十人的大会议室，大多数会议室的最大容量是8人或4人，后者常在一对一面谈时使用。从这样的空间设置也能看出，在亚马逊开会，通常都以五六个人居多。

头脑风暴时需要准备的物品：白板和便利贴

白板是头脑风暴中不可缺少的工具。在畅所欲言的时候，光凭记忆很难抓住每一个好点子，所以要靠白板记录下头脑风暴参与者们贡献的想法。

有的会议主持人习惯在自己的本子上做笔记，这只是在单方面收集信息而已。想要用好每一条信息，就应该把它们都写到白板上，让所有人看到，这样才能让讨论活跃起来。除此之外，主持人还可以将语言文字转化成简单的图表或流程图，帮助与会者理解信息，同时也确保讨论方向的一致性。

在亚马逊任职期间，我一开始的顶头上司就是白板的忠实拥护者，他习惯一边书写一边整理思路。彼时，他也常常建议我用白板来帮助自己理清逻辑，不知不觉间，写白板也成了我工作中的习惯。

在外出会议中，可以用白板纸来代替白板：开会时把大张的白板纸贴在墙上使用，会议结束后卷起来带回公司，方便日后查阅。我个人偏好使用像便利贴那样带自黏胶的白板纸，可以一张一张分开贴在墙上，上面还有方形的网格便于书写，非常方便。白板纸的种类很多，比如可以挂在架子上的白板挂纸、可以立在桌上的立式白板纸，等等。大家可以根据环境找到适合自己使用的那种。

便利贴也是头脑风暴的必备工具。与会者分头在便利贴上写下各自的想法，贴到白板或白板纸上，然后对所有想法进行分类，发现问题所在后再做分析和讨论，想出能够解决问题的新方案。与其靠主持人询问每个人的意见，再在白板或白板纸上进行记录，倒不如像这样让大家分头写，既能节省时间，又能提高效率。

头脑风暴时需要的各种准备

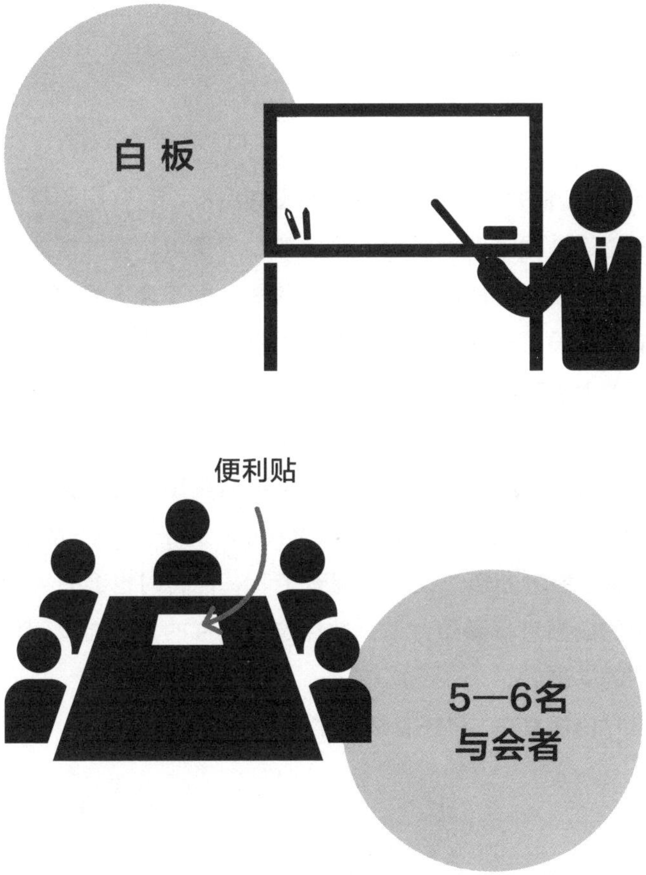

案 例

电梯里的白板

亚马逊的每一间会议室里都设有白板，有些房间甚至将整面墙设计成了白板。很多企业的会议室里，有的摆放着一般接待室里常见的小型白板，有的根本就不会准备。其实要在墙面上设置白板很简单，市面上甚至可以找到带磁性、能贴在墙上的白板。

值得一提的是，在亚马逊西雅图总部内，有些电梯的内壁也被设置成了白板。这些白板上有时只是写着无关紧要的句子，比如“TGIF”(“Thanks God.It is Friday”的缩写，意思是“感谢上帝，终于到周五了”)，但有时也会有人用电梯里的白板进行激烈讨论，此后走进电梯的人还能看到前者留下的笔迹。

“白板文化”已经渗透到了亚马逊的各个角落。

3 让头脑风暴更有效率的诀窍

进行头脑风暴也要掌控时间

一般来说，如果是针对某个议题的小型头脑风暴，整个团队可以自由发表这样那样的言论，并对各种问题做出回应。

在进行大规模的头脑风暴时，为了保证效率，最好把大段的时间切分开，例如在讨论2小时之后安排成果分享环节，具体进程可以交给团队中善于主持会议的人来负责。分配时间、开始讨论、整理意见、做出总结、誊写到白板之上，主持人要确保这整个过程顺利推进。

跟其他会议一样，头脑风暴也必须严守时间，一定要在预定的时间内取得成果。

要想灵活运用头脑风暴还是需要一些技巧的，但这并不需要什么特殊才能，就我自身的经验来看，只要多加实践，任何人都能找到诀窍。下面我分享一些在亚马逊学到的头脑风暴技巧。

不求完美，但求效率

所有人必须在短时间内给出想法。深思熟虑只能带来四平八稳的答案，给定时间范围、稍加限制，反而更有利于思考。

打个比方，如果你有60分钟时间，计划用30分钟来提出想法，剩下的30分钟用来归纳总结，那就要对与会者说“请在5分钟之内尽可能多地写下想法”，这样或许更容易激发出好点子。如果5分钟不够，可以再追加时间，直到大家都差不多停笔，就可以继续讨论了。如果讨论中又想到什么，也可以接着写。

进行头脑风暴与平时思考问题不同，要秉持“不求完美，但求效率”的精神，不追求完美答案，而是以量取胜。在大量尚未成型的想法中，一定蕴藏着未经雕琢的宝石。

不求完美，但求效率
先以数量为重

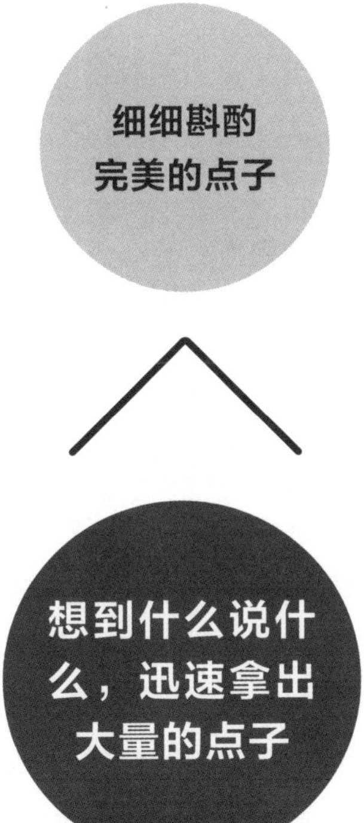
细细斟酌
完美的点子
想到什么说什么，迅速拿出大量的点子

要让不同背景的人参与其中

工作在第一线的每个人都有自己的想法。如果你拥有一支20人的团队，那么让全员参与头脑风暴肯定更有助于产生好的创意，因为这就调动了所有人的智慧。如果只挑选其中的5人参与，那思路自然会被局限。在一般的办公室环境中，全员参与或许很难实现，但如果有机会进行外出会议，还是应该尽可能让不同背景的人参与到头脑风暴当中。

要注意的是，并非人数越多，产出的想法质量也越高。参与头脑风暴的人选很重要，如果全是背景相同、思考模式相似的人聚集在一起，那人数再多，也只能得到千篇一律的想法。

在选择头脑风暴的参与成员时，尽量不要只固定在同一部门。比如，讨论产品研发问题时邀请一些财务或销售部门的同事，那就能拓宽大家看问题的视野。有些情况，在本部门的人看来或许是天经地义的事，但站在其他部门同事的角度来看，或许就能发现问题。在自己的盲点被指出时，灵感也就诞生了。

另外，在选择成员和编组的时候，要注意避免把存在上下级关系的人放在一起，因为这样可能让人有顾虑，无法直抒胸臆。

运用成型的理论框架

头脑风暴时，所有参与者都要在笔记本或便利贴上写一些词句来表达想法。但这些词句或许并不好懂，别人的理解可能跟原意存在出入。因此，主持人有责任追问提出想法的参与者，让他做出明确的解释。这对于头脑风暴来说也是至关重要的一环。只有准确理解每一个想法，才能找出它们的共同点，进而在白板上进行分类整理。

当所有人都提出观点之后，如何整理这些信息就要考验主持人的功力了。主持人要在玉石混淆的各种想法中辨别出不同方向的思路，据此进行分组，把相似的想法归到同一个类别下。

在进行分组时，可以利用一些成型的理论框架。例如，我在负责运营时，经常用4M法则来帮助自己整理思路，解决工作时遇到的各种问题。4M法则是制造业常用的思维方法，4个M分别代表：人（man）、机（machine）、料（material）、法（method）。类似这样的框架能方便你在遇到问题时辨别问题所属的范畴，例如，“这是跟成本相关的问题”或“这是与环境相关的问题”，等等。

具有代表性的一些思维框架

3C

- Customer 顾客
- Company 本公司
- Competitor 竞争对手

4C

- Customer-value 顾客的需求
- Customer Cost 顾客愿意支付的成本
- Convenience 顾客的便利性
- Communication 顾客沟通

SWOT

	有利因素	不利因素
内部环境	Strength 优势	Weakness 劣势
外部环境	Opportunity 机会	Threat 威胁

4P

- Product 产品/服务
- Price 价格
- Place 分销渠道
- Promotion 促销

主持人不要过多介入

在决策会议上，会议的负责人主持大局。我们在之前的章节中讲过，主持人对决策会议内容的把控是至关重要的。但在头脑风暴这样的创意发掘会议中，主持人不应过多介入。

尤其当你想自下而上地发掘想法时，如果职位较高的会议负责人介入讨论，那这位负责人的发言自然会被当作正确观点被大家接受，于是所有人都会停止思考，也就不可能出现什么特别有新意的想法了。

所以作为负责人，不应该随意发表意见，而是要给头脑风暴的参与者们足够的自主空间。切记，不要过多介入讨论。

我在头脑风暴中担当负责人时，会尝试让自己抽离出来，观察全局。如果在大型头脑风暴中投入了某一组的讨论，就很容易被某些想法牵着走，从而忽略其他思路。

所以，在主持大型头脑风暴时，应当兼顾各个小组的进程，某一组的讨论陷入僵局就从旁推动一下，同时要掌握整体的时间安排，并做好最后的总结工作。总而言之，头脑风暴中的主持人必须扮演好辅助者的角色。

4 亚马逊式的外出会议

在公司外组织会议的好处

在我刚开始为中小企业提供管理咨询服务时，不少公司在实践过头脑风暴和外出会议之后都有耳目一新的感觉，尤其是外出会议。

外出会议指的是远离公司环境举行的会议。对于在外资企业供职过的人来说，这种会议形式是比较常见的。如果要在办公室开一个时间较长的会议，总免不了被这样那样的事打扰：不是有谁要回工位上接电话，就是有谁临时被叫走。如果换个环境开会，就能让大家专注在会议的议题上，尽可能排除一切干扰，这就是外出会议诞生的初衷。

这种会议形式多用在为企业做重要规划的时候。企业领导人、各部门主管，再加上从各部门挑选的一些骨干成员，为了让这些企业中的核心成员聚集在一起，为公司来年的计划、业务方针做决策，拿出具体想法，做出细致的企划案，就需要组织一次外出会议。

在亚马逊供职期间，我负责的业务由4个分支组成：供应链、仓储管理、运输、客服。我们每年都会召开一次中长期战略会议，与会者包括各个分支的总裁和副总裁，其下各个部门的总监、总经理，以及一些中层干部。每年开会，我们都在那须或小田原附近选择一家酒店，会期持续两天一夜或三天两夜，参加人数都在20到25人，如果有高管要到场传达公司经营方针，与会人数还会有少量增加。此外，各部门也会各自组织外出会议。

外出会议不是观光旅游

外出会议选址的首要条件是要能有一个让大家聚在一起进行讨论的空间。如果会期超过一天的话，场地就必须具备住宿条件。理想的外出会议选址能让与会者在头脑风暴中发现平时注意不到的点子，听到平时听不到的建议。

现在，很多企业都会租下民宿或校园作为会议之用，一些风景优美的地区也新增了许多时髦的场地，配备投影仪、白板等商务用途的设备，还提供各种商务服务，吸引外企和初创企业的使用者。

但要注意，一定不要将外出会议和公差旅游混为一谈。

外出会议的初衷是要寻求一处与外界隔绝的环境，就算在市区里找一家酒店或包下一间会议室，只要能营造出一个相对封闭的环境，都可以达到外出会议的目的。只不过，如果会议选址离办公室太近，那一旦公司里有什么事就一定要回去处理，与会者要是有放心不下的事务也会忍不住跑回公司去，这就很难从平时的工作状态中抽离出来。所以为了达成会议的目的，也为了让与会者远离日常事务，还是要改变物理环境，创造出相对隔绝的空间。

外出会议

选址

- 能让与会者暂时远离日常工作的场所
- 尽可能选择物理距离远的地方
- 让与会者进入离线状态

效果

- 与会者能集中精神参与会议
- 异于平常的环境能激发灵感

不仅要外出，还要离线

在外出会议中保持离线状态也是很重要的。所谓“离线”，就是要关掉手机、合上电脑，让自己百分之百地投入到思考和讨论之中。

具体来说，在从早上9点开始到晚上5点结束的全天会议中，要将手机调至关机或静音模式，原则上不接听任何来电。回邮件也只能在茶歇或午餐后的自由时间进行。只有这样才能摒除干扰，让与会者与日常工作保持距离。

当然，在公司的会议室里也能保持手机和电脑关机。外出会议的优势在于离开了平时办公的环境，氛围上的改变能给人带来新鲜的刺激。尤其在需要创新思维的时候，改变环境是一种有效的方法。

调整好物理环境

在外出会议的现场，调整好物理环境也是非常重要的。譬如说，桌椅摆放的形式就可以影响讨论的效率，是围成一个大圈，还是分成几个圆桌，这些都要根据会议的内容进行安排。

此外，每个与会者在会议进程中的体验都很重要。因为会议成效如何完全取决于与会者能否充分进行思考，专心参与讨论。

作为组织者，当然要尽可能排除干扰与会者思考的各种因素，但有时追求与世隔绝也会带来不便，甚至连买瓶水的地方都没有。所以，饮料、便当、茶点等物资一定要事先准备充足。

外出会议的成败就藏在这些琐碎的细节里，安排好这些细节就是会议组织者最重要的职责。

案　例

亚马逊最大型的外出会议

亚马逊全球运营及客服部门的年度会议是公司里最大型的外出会议。会场在美国西雅图市，会期持续三四天。与会人员包括全球运营分支的副总裁、总经理、总监，以及经过选拔的高级经理，共有300人左右。

最初公司规模不大、人数不多的时候，这一年度会议是在公司总部举行的。但随着公司规模的扩大，参与者达到300人之多，总部的办公室容不下这么多人，只能租下酒店的大型宴会厅来举行会议。通常，中午之前的议程是各种主题演讲，下午则分组进行讨论，有时也会在公司里进行参观学习。

5 亚马逊领导层的集训营

借助集训营磨炼领导能力

外出会议不仅可以作为创意发掘会议的特殊形式，也是有效的集训模式。

我在亚马逊工作期间，公司的领导层集训就被安排在距离西雅图2小时车程的山区里。所有领导层成员集中在一起，进行一个星期的封闭式培训。

集训营期间不只有讲座，也有实战操练。实操之后还会安排反馈环节，让大家互相交流，可以不吝赞扬，也可以提出意见。借此机会，能发现平时自己未曾留意到的方方面面。

这种外出集训通过改变环境的方式阻隔了外界干扰，让大家能脱离日常公务，换换脑子，起到了很好的激励作用。

亚马逊式领导层集训营中的“商业游戏”

在亚马逊的领导层集训营中，让我印象最深刻的是以虚拟公司为背景进行的商业游戏。游戏中有3家一模一样的公司，集训营的成员们要分成3组，分别出任各家公司除首席执行官之外的不同职位，包括销售、市场、生产等部门的副总裁或总监等。在接下来的游戏中，大家要各司其职，完成各种任务，目的是让自己所在公司取得更多、更好的成果，在3家公司的竞争中胜出。

有一次我扮演了市场部负责人。分配完角色之后，我拿到一个信封，里面有形形色色的人物向我发来的邮件，内容也是五花八门。例如：东南亚地区的销售负责人发邮件来告诉我，当地的政府官员向他索取贿赂，他不知该如何处理；按照当地惯例来看，如果不给生意就做不成，所以他也想给，但还是先征求我的意见。又如：在我负责的地区，某种商品销路很好，但仅凭现有的生产能力怕是会出现供货不足的问题，所以要去找生产部门商量，看能不能增加产量。我奋战到次日凌晨两三点，认真地阅读邮件、整理问题、考虑问题的优先级，就为了备战第二天的游戏。

游戏正式开始后，我就直接去找工厂总经理了，因为在我看来，提高产量是当前的首要问题。谁知工厂总经理却说："我们的工厂因为存在污染物泄漏的问题，被环境署勒令关闭2个月。开工都成问题，更不要谈提高产量了。"那一刻，我花了一晚上设想的场景瞬间就崩塌了。虽然自己绞尽脑汁，把能想的都想到了，但奈何周遭的环境发生了变化。对此我该做出什么样的反应？又该如何排列解决问题的优先级呢？

无论做什么，都必须和其他人磋商交涉。但交谈中会发现，其他人也有各自要面对的问题。每个人都陷入了困惑的境地，2个小时过去了，大家都没什么进展。

在茶歇后我们向其他两队打听状况，结果也都跟我们差不多。其实，设置这样的场景是希望我们明白，在遇到问题时不能只凭自己部门的状况做判断，而是要为公司整体考虑，拿出全盘的解决方案。要做到这一点，就必须召集所有人一起来讨论。这种时刻总需要有人先拿出领导精神，主动梳理状况，在有限的时间内引导出一个结论——而这就是领导层集训的培训重点。

混乱之后，大家终于停止了无谓的讨价还价，开始将各自的处境摊在台面上，共同商讨解决方案，但当时的我在心理上依然感到困顿。我以为是语言障碍造成了自己心理上的压力，但后来发现就算是以英文为母语的同事，同样也觉得那是个痛苦的过程。

作为一个领导者就必须为公司权衡各项事务的优先级，并拿出解决方案。有时或许事与愿违，但到了要做决定的时候，也必须说服自己。这就是我的切身体验。

6 外出会议的陷阱

外出会议也可以用于团建

外出会议这种形式不仅可以用于开会，还可以用于组织团建活动，让团队成员共同参与一些活动，从而建立起团队意识。

意大利面挑战赛是我经常组织的一种团队游戏，每次的现场气氛都非常热烈。我会给每个小组分配20根意面、1米长的绳子、60厘米长的胶带和1块棉花糖，要求各组使用这些物料将意面叠高，在最高的地方插上棉花糖，以各组棉花糖的高度来定胜负。以何种结构叠高完全取决于各组自己的想法，从中能看出组员们不同的个性。

在这样愉快的气氛中让团队更团结自然是好事，但也要小心陷阱。如果只是离开公司，呼吸着新鲜的空气，让所有人其乐融融、身心得到放松的话，那似乎无法达成最佳效果。虽然将团建作为外出会议的主要目的并没有什么问题，但如果能借机征集新点子、拓宽思路的话，就有机会产出更多成果，从而提高投入产出比。

如何不让外出会议止步于玩得开心

关于外出会议，我也有过不好的经历。会议举行时气氛热烈，大家都很投入，但会后确认责任分配情况时，明明被委任了责任的当事人却说完全不记得有这么回事。所以，外出会议和普通的会议一样，一定要明确什么任务该由哪些人员负责，在什么时间节点完成。

无论什么会议，都不是提出想法就结束那么简单的，最重要的是拿出让想法落地的方案，这也是一个成本效益的问题。作为会议负责人，即便是在外出会议中也至少要列出一些基本要素，其中最重要的就是任务、人员和时间节点。在会议结束后，也一定要定期确认进度。只有做好了这些会后的跟进工作，才能确保外出会议不止步于玩得开心。

CHAPTER 5
第五章

亚马逊的进度管理会议

引言：
进度管理决定了项目的成败

通过创意发掘会议，我们好不容易讨论出了好点子。现在要努力孵化，关注它成长的全程。如果会上提出了好点子却不能付诸实现，那会议的产出就依旧是零。要付诸实现，就必须严格进行进度管理，否则项目成果的好坏就全凭运气了。

那些在业务创新上存在困难的企业更需要参考亚马逊的开会方法，因为亚马逊在进度管理会议方面有独到之处。进度管理会议为项目制定了配速机制，目的是评估项目的阶段性效果，并做出相应的策略调整。通过这样的会议，不仅能审视自己的工作是否顺利，哪些地方需要及时改进，也能了解项目上其他人的情况，做到信息共享。

我们在前文介绍决策会议时就提到过，在决定要启动某一项目之后，为了方便管理进度，要设定好衡量项目表现的关键绩效指标，即 KPI。这样就能利用 PDCA 循环对项目进行管理了。项目管理不能靠一时兴起，也不能看到结果后说句“不错”就结束了，而是要经常用 KPI 来检验阶段性成果，思考改善的方法，再做出修正。这一系列操作必须形成一个稳定的循环。

1 亚马逊的项目推进利器——KPI

KPI 就是项目进程中的“仪表盘”

落实项目的时候，很容易陷入不知道该如何判断项目成败的境地。只靠主观感觉“进行得很顺利”是不行的，要根据客观证据来确认状况，判断项目是否正在朝着成功的方向顺利前进。

这就好比你在驾驶飞机，如果不看显示器，光靠目测来控制操纵杆，那就算是经验老到的机长恐怕也会不知所措。驾驶舱里有各种仪表盘，飞行员在飞行中必须参考上面的数字。就算是在自动巡航的模式下，飞行员也会时刻关注显示器，确保飞机航行在正确的航线上，有足够的飞行高度，机身完好无损没有任何问题。

管理项目跟驾驶飞机一样，如果你在设定完目标之后就撒手不管了，那就相当于输入目的地后就开启自动巡航模式。为了对业务有正确的方向性把控，就需要一个定量的评估指标，所以必须设置 KPI。

亚马逊极为重视 KPI 的设置，这是其用以推进项目的利器。

KPI 是怎么来的呢？它是将公司整体要达成的目标拆分开，细化到各部门，转化成像“在某1小时内需要完成的具体数量”这种非常详细的可视化目标。

KPI 可以帮助企业提升业务效率。比如，有的公司员工每天都可以收到系统自动发送的数据，据此掌握项目的最新动态，并当即判断下一步该如何进行。

KPI 和 KGI 的区别

首先来澄清一些有关 KPI 的常见误解。比如，常常有人会将 KPI 和 KGI（key goal indicator，关键目标指标）混为一谈。

KGI 相对应的是公司的整体销售额、目标新增客户总数、利润率，等等。平时开会提到的目标通常都是 KGI。当 KGI 稳步增长时，我们或许会为新举措所取得的成果沾沾自喜，而忽视了其中存在的盲点。举例来说，当新客户的数量增长时，我们无法确定这是广告的带动效果，还是派发了样品的缘故，又或是因为面向渠道商的说明会非常成功。其实，这很可能是多重因素叠加的效果，目标牵涉的范畴越广，背后的影响因素也越多。正因如此，当 KGI 下降时，谁都能找出各种借口推脱责任，开会讨论的也往往是一些与结果无关的环节，拿不出对症下药的措施，导致项目的进程越发偏离正轨。

KGI 对于公司的整体运营来说当然很重要，但如果管理者对前线员工说：“1000亿日元的销售目标就拜托你们了！”

员工们一定会不知从何下手。所以上级领导必须将 KGI 进行拆分，给出类似“你们部门负责招揽客户，要吸引到多少位新客户”这种具体的 KPI 指标。这样就能通过一些具体数字来进行检验：一年里要举行多少次什么样的活动、一年里要打多少次什么样的广告、在哪些方面预留多少预算，等等。

为了实现一个宏大的目标，哪些数字是不容忽视的？达成这个数字的必要因素有哪些？这些必要因素就要由 KPI 来体现。我们一定要意识到，以完成 KPI 为目标、不断积累 KPI 数值，才能达成 KGI。

KPI和KGI

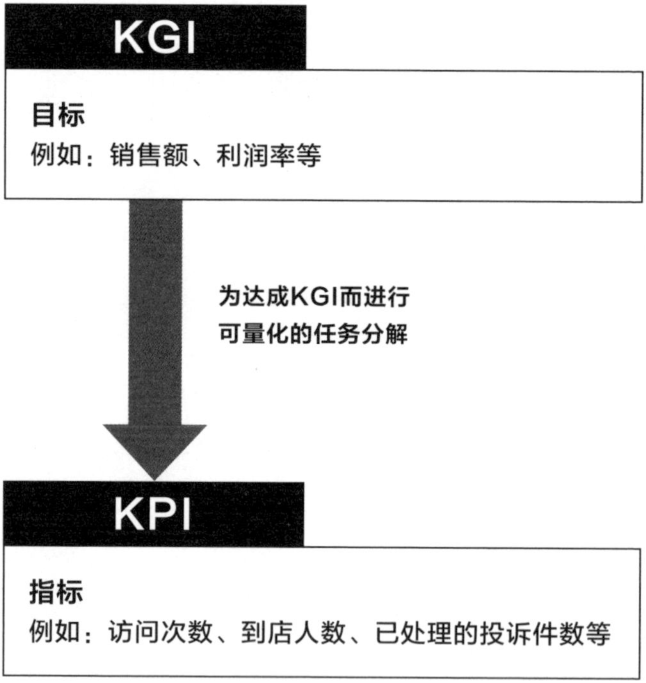
KGI
目标
例如：销售额、利润率等
为达成KGI而进行
可量化的任务分解
KPI
指标
例如：访问次数、到店人数、已处理的投诉件数等

KPI的用法

将所有指标分解为若干个结果和导向这些结果的要因

$$y=f(x_1, x_2, x_3, \cdots, x_n)$$

y= 结果；x_n= 要因

【例】

y= 本周电商的平均配送周期为2.6天

x_1= 本周的出货量为**495件**

x_2= 需要礼品包装的有**120件**

x_3= 劳动时长控制在**298小时**

↑

仅凭以上信息无法判断出运营状况的好坏。

▼▼▼ **要将实际情况与计划做比较**

y= 本周电商的平均配送周期为2.6天（目标是2天以内）

x_1= 本周的计划出货量为**500件**（实际出货量为**495件**）

x_2= 预计有**50件**货品需要礼品包装（实际有**120件**）

x_3= 预计劳动时长在**300小时**（实际控制在**298小时**）

↑

从以上信息可以得知配送时间超过了目标值，
但无法判断是哪个要因的问题，所以无法拿出相应的对策。

需要提炼信息的精度

y= 本周电商的平均配送周期为2.6天（目标是2天以内）

超出了0.6天

x_1= 本周的计划出货量为500件（实际出货量为495件）

完成率为99%

x_2= 预计有50件货品需要礼品包装（实际有120件）

完成率为240%

x_3= 预计劳动时长在300小时（实际控制在298小时）

完成率为99%

↑

情况逐渐清晰……

要再提高信息的精度

y= 本周电商的平均配送周期为2.6天（目标是2天以内）

超出了0.6天，未达成 ±0.2天的标准

x_1= 本周的计划出货量为500件（实际出货量为495件）

完成率为99%，在目标 ±7% 以内，达标

x_2= 预计有50件货品需要礼品包装（实际有120件）

完成率为240%，远远超过了目标 ±10% 的预期

x_3= 预计劳动时长在300小时（实际控制在298小时）

完成率为99%，在目标 ±5% 范围内

↑

由此可以判断，造成配送时间未达标的最大原因在于礼品包装环节，要有针对性地进行改善。

2 将一切落实到数字上

量化的重要性

KPI 就是用数字指标来进行管理。有些人可能会提出质疑：这世上总有些事是无法仅靠数字来体现的吧。事实真的如此吗?

至少在亚马逊的思考模式中里，**业务中事无巨细都可以用数字来体现**。员工们也在每天的工作中习惯了看数据，行动之前如果无法确定 KPI，都会觉得不安。

企业都希望取得看得见的业务成果。如果做定性的评估，那判断基准会因人而异，得到的评价总会有偏差，也总会有暧昧不清的地方。但数字不会说谎。10就是10，不会变成5。因此，尤其在众多人员参与的项目中，为了避免暧昧与分歧，更应当明确哪些数字需要关注。

如何将主观要素数据化

有些人或许会认为，像“顾客满意度”之类主观的评价应该很难被量化。但在亚马逊，一切都可以用数字来衡量。

假设有一位顾客对自己购买的商品有疑问，那他一般会致电或发邮件来进行问询。如果在客服人员做出解答之后，顾客再次来电或来函询问，那就说明问题还没有得到解决。换言之，客户并没有在第一次咨询中就得到满意的答复。因此，亚马逊设置了一个KPI——能否一次回答就为顾客解决问题，并通过这个指标的变化来衡量顾客满意度。如果指标没有改善，那一定是整体机制中存在问题，需要进行具体分析。假设一个原因：是客服人员的回答方式不好，还是解答的内容有错误，或者其他什么原因。

比如，面对“商品还未送达”之类的投诉，如果客服人员回答说“正在调配库存，请您耐心等待”，顾客一定会追问“那还要再等多久”；如果能给出具体答复，比如“货品在承运商那里，××天内即可送达，请您耐心等待”，那或许顾客会更容易接受。客服人员还可以为顾客多提供一个选择，告诉他“货物的调配需要一些时间，我们还有类似的替代品，您是否考虑一下”，这样另辟蹊径，也能达到顾客最终想要的效果。

亚马逊就是这样先预设问题所在，而后设定好对策并投入实施，在实践中验证结果是否有所改善。倘若有效，就大规模推广运用。

亚马逊非常重视用数字进行定量考核，但这并不意味着完全否定了定性评估的价值。比如在人事评估中，总会存在数字无法代表的要素。如果说“某人的人品指数是85”，那他又该如何以此为依据去改进呢？

所以说，必须根据具体情况，将定量考核与定性评估结合起来使用。

案例

美军在执行救灾任务时的 KPI

我曾读过一本介绍美国海军陆战队的书，读完之后不禁感慨：原来这种事情也可以用 KPI 来考量呀。借此机会也给大家介绍一下。

当飓风等灾害发生时，海军陆战队都会率先进入灾区，负责物资供应和基础设施建设。但部队并不常驻在当地，完成灾后重建之后就会撤出，而何时撤出就要由 KPI 来决定。比如，能否从飓风受灾区撤离的一个衡量标准是干净衣物的数量。道理很简单：能批量洗衣，就说明洗衣机可以正常运转，也就是说水和电的供应都正常了，人们的日常生活自然也就有了保证。

在此，我也建议大家将这种思维运用到公司的经营上，用在制定和运用各种 KPI 指标上。

3 以进度管理会推进项目落实

进度管理会之前必须进行数据分析

在亚马逊公司，事无巨细都要设置 KPI，并通过指标考核的会议进行持续监控。在各类指标考核会议中，总少不了针对预算指标考核的进度管理会议。亚马逊对此尤为重视，无论哪个部门，每周都一定会召开一次进度管理会议。

具体来说，在进度管理会议上，团队会根据年度计划，审核每周的预算是否达标。在亚马逊，预先设定好的 KPI 可以完全实现数据化，并自动生成报告；各个部门的负责人在审查报告时如果发现了问题，就会在进度管理会上针对该问题发表意见。

在亚马逊的进度管理会上绝对不允许出现这样的情况：部门负责人问“这个数字超出了标准值，该怎么办”，具体工作的负责人含糊回答“具体原因我也不太清楚，待我调查详情之后再做汇报”。亚马逊认为，如果只是为了让大家知道发生了什么问题，根本没必要开会。把所有人聚到一起，就应该告诉大家现在出现了怎样的问题，我们要采取怎样的应对措施。

如果项目负责人能做出这种说明，与会者心里就能有个底，知道该如何调整和推进自己手上的工作。

换言之，作为项目的负责人，不仅有责任把情况交代清楚，在开会之前还必须对出现异常的数据做好分析，考虑好对策，所有这些会前的准备在亚马逊都是不成文的规定。

亚马逊员工必须学会刨根问底

在本书后文介绍亚马逊领导力准则的章节中，我们将会提到刨根问底这一原则。在亚马逊的进度管理会议上，与会者必须针对出现异常的数据深挖问题，毫不客气地进行探讨和提出意见。

在我这个已经彻底习惯了刨根问底的人看来，很多企业应该在这个方面多下点功夫。

比如说，在日本公司里常常能见到这样的场景：下属向上级领导报告情况，上司的回答却是“具体的还不清楚，暂时就先这么去处理吧”。从这段对话中可以看出，上司的想法其实是“我不用知道得那么详细”“反正跟我关系不大，就由它去吧”。

但在亚马逊，无论上报的是什么问题，上级职员一定会详细地追问原因，直到问出个能让人接受的理由为止。当领导的不会认为不是自己的责任，放手交给手下就行了。在进度管理会上也是一样，所有与会者都盯着数字的变化。项目的具体负责人当然已经做好准备要说明数值产生偏差的原因，但有时也会被问到不知该如何作答的境地。

这样的做法看似较真，管得太细，但为了找出真正的原因，就是要刨根问底地反复追问“为什么”。只有这样，才能确保没有漏掉任何隐藏的问题。

亚马逊的高级管理人员都有丰富的业务经验，能根据过往的相似案例做出准确的预判，寥寥数语就能给出切中要害的建议。有这样的领导作榜样，下属们自然也会边做边学，遇事不会只看表面数据，而是综合所有因素全盘考虑。

其实，很多管理者都有这种穷追不舍的意识。但不少公司仅仅把这种做法留在了生产制造的第一线，而不是在办公室里继续发扬。这实在是太可惜了。

如果一切正常，就不需要召开进度管理会议

进度管理会议固然重要，但也要避免为了开会而开会。因为说到底，开会的目的是推动项目的进程。

如果项目负责人只是为了宣布阶段性战果，那就根本没必要特意开会，只要把关键的数据和信息分发给大家就可以了。会议的负责人应当在会前与项目的具体负责人进行沟通，如果没有发生数值上的异常，没有需要讨论或交流的问题，那即使是每周例行的进度会，也完全可以不开。

指标考核

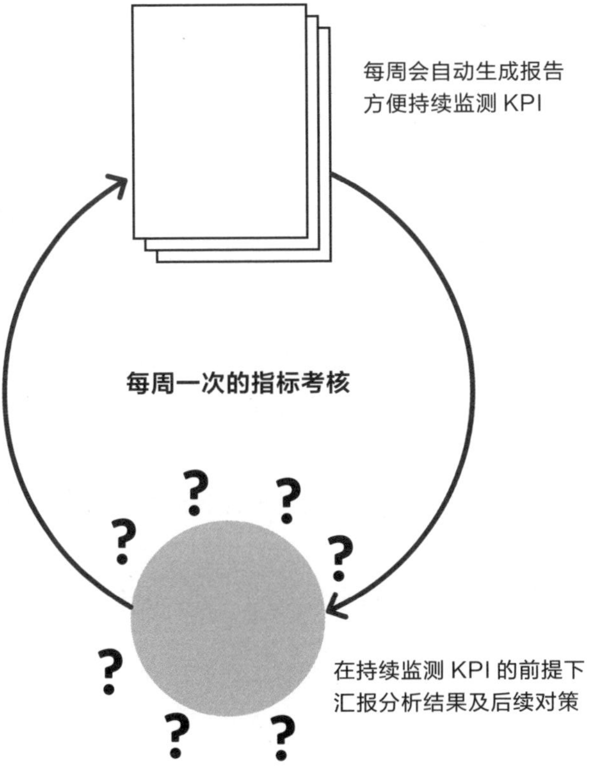
每周会自动生成报告
方便持续监测 KPI
每周一次的指标考核
在持续监测 KPI 的前提下
汇报分析结果及后续对策

4 “善意”无效，“机制”才有效

不能只依赖人的经验

如果你去观察那些未能将 KPI 运用自如的企业，就会发现他们在很多环节都没有充分地获取数据信息。

举个例子，在某些公司里，预估门店的订货数量或许不需要分析每天到店的顾客人数和库存量，店铺工作人员仅靠经验和直觉就能断定：“明天可以卖出这么多，就大概定这个数量的货吧。”如果领导夸奖他们不靠数据也能做得很好，他们就会自豪地说：“干了这么多年，凭的都是经验。”

对于我这个在亚马逊被 KPI 管理洗过脑的人来说，不用看每天的出货量和库存变动就能准确进行采购，这确实令人佩服。能这样一直运转下去当然也没问题，但一间门店的进货决策全靠某个人的经验和直觉，万一这个人病倒了、离职了，店铺又该如何正常运转下去呢？

建立高效利用数据的机制

关于数据的运用，还有一个常见问题：具体数据只掌握在项目负责人自己手里，很少被别人问起，所以不能被充分地分析和利用。

在亚马逊，任何人都有机会接触到各式各样的数据。出于内部保密需要，重要的业务数据会设有浏览权限，但对于一般数据，公司里所有人都能看得到。

就算我身处日本，也可以看到美国的仓储变动费用、每天的生产量，以及其他与生产相关的数据。有了可以方便地接触到数据信息的环境，KPI 的设定和管理工作也会变得更简单可行。

贝佐斯说过："仰仗别人的善意来完成工作不是长远之计，公司的运作需要依靠完善的机制。"说的就是要实现数字化、结构化，让公司不会因为缺少了谁就运作不下去。

单单依靠个人无法保证企业的长久存续。那些在 KPI 运用方面不够完善的公司，有必要对此进行检查和整顿。已经熟练利用 KPI 进行业务管理的公司也有必要反思一下，自己在 KPI 设定、数据管理的精度、数据分析的方法等方面还有没有不成熟的地方，并做出改进。

5 至少一周进行一次 PDCA 循环

PDCA 循环的案例

当项目得到批准、确定了 KPI 之后，就可以进入前言中提过的计划（plan）、实施（do）、检查（check）、调整（action）的 PDCA 循环了。

凡事不能干了再说，做出结果后也不能说一句“干得不错”就简单带过了。为了避免这样的情况，就要在 KPI 的鞭策下不断地进行 PDCA 循环，不断进行思考和调整，这样才能让项目走上稳定前行的轨道。

下面就来介绍一下借助 KPI 进行 PDCA 循环的实例。

在亚马逊日本分公司成立的第二年，我负责了一个名为 COD（cash on delivery，即“货到付款”）的代扣项目。通常情况下，顾客网购时都会用信用卡进行事先支付，事后再扣款，但我负责的代扣项目允许消费者在送货商交付商品时再进行支付。

引入这项服务之后，我们确立了一些 KPI 指标，比如利用率（代扣金额占所有支付金额的比例）和销售额变化（使用代扣服务和信用卡的消费者分别占比多少）。因为在项目启动时，我们的设想是通过这种手段促使销售额上升，所以要设置这些指标，对实际情况进行观测。

此外，项目的最终目的是提升顾客满意度，而销售数据并不能完全反映顾客满意度的变化。因此，为了解客户的体验，我们也同时监测了与该业务相关的客户投诉量、故障数据、针对客户咨询的反馈情况，等等。

我们用这些 KPI 指标来监测项目进展情况，一旦出现问题就研究相应对策。比如，如果实际的利用率不像预想的那么高，就说明知道这项服务的用户可能还不够多，那就要考虑向市场营销部门提出申请，在网站上增添广告条，加大宣传力度，大张旗鼓地告诉用户现已推出代扣服务。

合理验证每项举措的效果是很重要的。就拿上面的例子来说，通过分析代扣服务利用率变动和广告条出现频次之间的关系，可以验证广告是否有效提高了利用率。如果广告没有效果，那就要再想别的办法。

如果自己想不出有效的方法，就该适时引入头脑风暴了。可以向其他部门的同事寻求支援，集思广益，思考各种可行的方法，再付诸实践，验证效果。要重复这一过程，直到完成目标 KPI 为止。

很多企业实践的是 PDPD 循环

有的读者或许会说:“我们公司平时也在执行 PDCA 循环啊。”

确实，PDCA 的思考方式在商业界广为流传，书店里这一主题的书籍也比比皆是。但根据我从事管理咨询工作时的观察，许多公司里虽然有不少优秀人才在负责各种项目，但他们经常只能做到 PDCA 循环中的 P（计划）和 D（实践）。开会时，也只是围绕这两项进行讨论，至于如何才能判断项目的成败、应该参考哪些指标，都被遗忘了。

如果没有利用 KPI 对项目进行核查和调整，也就是缺失了 C 和 A 这两个环节，那么无论如何计划、如何实践，都不会有长期发展。所以，在项目启动的同时就要明确核查和调整的具体做法，这是至关重要的。

严格并高效地实现
PDCA 循环是亚马逊的强项

常见的情况

A 公司

缺少核查（C）和调整（A）环节

B 公司

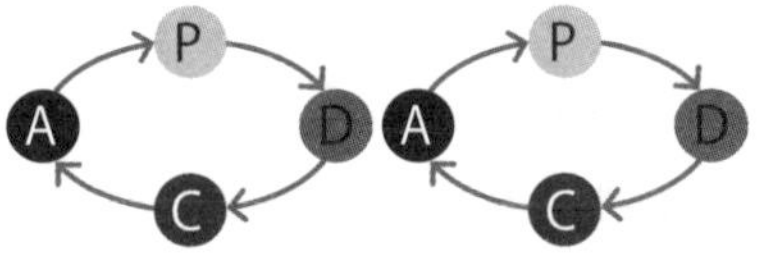

循环节奏缓慢
（一个季度一次）

亚马逊的情况

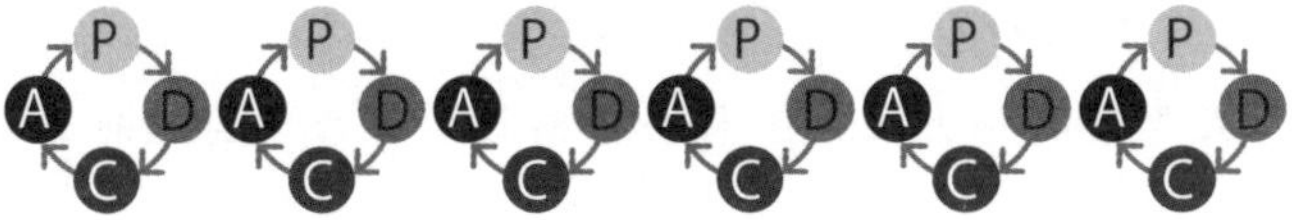

高速循环
（一周一次）

亚马逊的项目验证周期最长不超过一周

对于大多数公司来说，还有一件事应该重新审视：在确认了 KPI 之后，如果出现问题，思考应对方案的周期应该设置为多长时间。

在当今这个追求速度的时代，每月检验一次 KPI 达成情况就太慢了，应该根据考核对象的不同，以一个月、一周或一天为单位设置 KPI 的检验周期。如果有必要，甚至可以细分到以小时为单位。

在亚马逊，检验 KPI 的周期最长也不会超过一周。考核的循环周期越短，发现问题时的调整速度就越快，也就能越早推动项目向下一个阶段进发。

另外，总在同一个层次打转也是没有意义的。为了让项目不断取得进步，适应未来的形势发展，就一定要有意识地争取螺旋形上升。有了这样的意识，就算公司最初的水平不高，经过逐步改善，也能在不知不觉中缩小与竞争对手的差距，甚至超越对方。

亚马逊的强大之处，就在于高速、执着、持续地进步。

合理取消核查环节

数据监测工作一旦开始，就会没有止境地持续下去，甚至成为工作中的一个负担。新项目稳定在某个常态之前，当然有必要持续监测其发展状况。但在业务步入正轨、不再出现异常值之后，就要果断停止对它的监测，这同样很重要。

把那些谁都不需要再看的数据整理成报告，对公司来说是没有价值的。即使接手项目时前一任负责人特意交代每周都要完成数据报告，也可以先试着暂停一下，看看有没有同事会提出异议。如果谁也没说什么，那就说明不再需要这份报告了。

像这样的事，项目的具体负责人通常不便提出，所以就得由上司来开这个口。**作为管理者，如果自己的下属常常为一些投入产出比不高的事务忙碌，那就要定期盘点，为下属减负，免除那些没必要的数据整理和报告任务。**

准则

在亚马逊不能只管开拓而不顾后续

很多企业特别重视计划和实践这两个环节，能做好这两件事的人也会得到较高的评价。

通常，负责新产品或新业务策划工作的都是业务骨干，一旦项目上马，取得了初步成功，完成了计划和实践这两个部分，那这些优秀员工的功绩就会得到认可，获得晋升的机会。然而，接手了后续工作的那个人不仅要负责管理项目，让业务步入正轨，还要对业务进行扩展，责任很重，却不会成为关注的焦点。

在亚马逊，只管开拓而不顾后续的人是不会得到很高评价的。项目上马之后，还必须找到健康、可持续的机制，让新业务进入稳定的运营状态，才会收获好评。

当然每个人都有自己擅长和不擅长的工作，但我认为需要让更多人意识到核查和调整环节的重要性。

6 项目结束后的复盘

复盘可以帮助企业和员工持续成长

复盘就是在事后验证全局。这并不是什么崭新的概念，但很多企业都不得要领。

前文中提到，很多企业只注重计划和实践这两个环节。在项目告一段落的时候，这些公司也不会去探讨成功或失败的具体原因，常常是说一句“干得不错”或“下次再努力吧”，就草草收尾了。

项目究竟经历了什么样的失败？哪里出了错？在哪些方面取得了成功？哪些地方需要注意、今后可以改进？只有学到了这些，员工才能真正有所成长，而这些成长是在一次次高质量的会议中累积起来的。

另外，在一次次这样的积累下，新业务的精准度和效率也会得到提升，公司整体也就能获得成长。

亚马逊常年运行着许多大体量的项目，但仍能坚持对每个项目进行复盘。在此，我也建议大家把复盘作为进度管理会议的收尾环节。

高光和暗光

项目结束后，召开总结会议对项目进行回顾和复盘是非常重要的。总结会议必须理清哪里做得好，哪里做得不好，下次该注意哪些方面才能做得更好。作为项目负责人，一定要将项目负责到最后这一步。

一听说要对项目进行回顾，有些人就会感觉是要开反省大会，这完全是误解。为了回顾和记录项目中做得好和做得不好的地方，亚马逊用“高光”和“暗光”两类标签来进行分类，这种方法也不仅限于项目复盘时使用。

对成功的原因进行整理，并分析值得学习的重点，就能使别人在遇到类似情况时成功的概率更高。在公司里保存这样的记录，能让日后需要这类信息的人容易查找，如果想以此作为参考再做新的尝试，也可以通过记录直接找到负责人询问详情。如果能让同类项目取得更好的表现，公司的整体运作能力也会更上一层楼。

在亚马逊的会议上，如果发现某个指标完成得很好，就会有人提出:“是什么让项目推进如此顺利呢？可以稍微分享一些心得吗？”其实，如果所有人都时刻关注数据，就算在日常工作中，当数据表现优异的时候也会有人及时留意到，管理者也不只会说“干得漂亮”“真是太好了”，而是会分析得到优异成果的原因，并鼓励负责的同事将心得写成文章记录下来。

工作成果和企业整体表现的好坏都与这些积累息息相关。

准 则

加分主义及评价体系

在亚马逊，当项目启动的时候，领导会给大家发邮件，告诉大家这一天是多么来之不易、值得庆祝。邮件中通常会说："项目的启动有赖于团队成员长久的努力，让我们共同祝愿项目一切顺利。"在处理日常业务时，负责人也会通过邮件与大家分享一些积极的信息，例如："在金融团队的努力下，虽然交货期缩短了，但利润率仍然提升了0.05%。"

这种做法与公司的评价制度有关。作为上司，有责任告诉大家自己的下属在哪些场合有哪些优秀表现。当我的团队在重大节庆期间完成了庞大的出货量时，我也会发送邮件让大家看到我们的成就，还会附上团队的集体照，花这些心思都是为了让每一分努力都得到认可。做好了这些信息共享工作，在人事考评会议上被问到"这个人为什么会得到这样的评价"时，就能轻松地举例说出这个人在哪些项目上做过哪些努力，更何况还有邮件作为凭据，就更容易让人接受。

优秀的管理者会用这样的行为来打动自己的下属。

CHAPTER 6

第六章

亚马逊开会方法的基石
——领导力准则

引言：什么是亚马逊领导力准则

如果只从形式上套用亚马逊的开会方法，那绝不可能获得理想的效果，因为亚马逊的成功在于公司内部遵循了一些大家默认的价值观。这些价值观就是贝佐斯和领导团队构想出来的14条亚马逊领导力准则，是影响亚马逊开会方法的基础理念。

前文已对其中的几条略有提及，本章将着重介绍14条准则中与会议相关的内容。当然，这些准则并不是专门为了开会而制定的，但如果不是大大小小会议的与会者们都能以这些准则要求自己，亚马逊的会议现场也不会如此充满活力。

不夸张地说，想要学习亚马逊的开会方法，学什么都不如学亚马逊领导力准则来得有效果。

指标考核

本章将要介绍的领导力准则：1、2、5、7、8、9、12

1	Customer Obsession	顾客至上
2	Ownership	主人翁精神
3	Invent and Simplify	创新简化
4	Are Right, A Lot	决策正确
5	Learn and Be Curious	好奇求知
6	Hire and Develop the Best	选贤育能
7	Insist on the Highest Standards	最高标准
8	Think Big	远见卓识
9	Bias for Action	崇尚行动
10	Frugality	勤俭节约
11	Earn Trust	赢得信任
12	Dive Deep	刨根问底
13	Have Backbone, Disagree and Commit	敢于谏言，服从大局
14	Deliver Results	达成业绩

亚马逊招新的理想员工形象

在亚马逊，所有人都是领导者

14条亚马逊领导力准则是全球亚马逊员工共同的信条。无论团队中是否存在管理者，亚马逊认为每个人都是领导者。在这一前提下，每个员工每天的一举一动都要遵循亚马逊领导力准则。

亚马逊领导力准则

► **顾客至上**

领导者从客户入手，反向推动工作。努力工作，赢得并维系客户对公司的信任。虽然身为领导者要关注竞争对手，但更应关注客户。

► **主人翁精神**

领导者是主人翁。他们会保持长期主义思维，不会为了短期业绩而牺牲长期价值。他们不仅仅代表自己的团队，而且代表整个公司行事。他们绝不会说“那不是我的工作”。

► **创新简化**

领导者期望、要求自己的团队进行革新和创造，并始终寻求使工作简化的方法。他们不局限于自我，了解外界动态，四处寻找新的创意。在实践新创意的时候可能会长期不被外界理解，要接受这种可能性。

► **决策正确**

领导者在大多数情况下都能做出正确的决定。他们拥有卓越的业务判断能力和敏锐的直觉，寻求多样的视角，并挑战自己的观念。

► **好奇求知**

领导者从不停止学习，不断寻找机会以提升自己。他们对各种可能性充满好奇，并付诸行动，加以探索。

► **选贤育能**

领导者不断提升招聘和晋升员工的标准。他们表彰杰出人才，并乐于在组织中通过轮岗磨砺他们。他们能严肃对待自己育才树人的职责，也会培养其他领导人才。他们能从员工角度出发，创建职业发展机制。

- **最高标准**

  领导者有着近乎严苛的高标准——这些标准在很多人看来可能高得不可理喻。他们不断提高标准，激励自己的团队提供优质产品、服务和流程。他们要阻绝任何不合水准的行为，遇到问题要彻底解决，并采取优化措施防止同样的问题再次发生。

- **远见卓识**

  局限性思考只能带来局限性的结果。领导者大胆提出并阐明大局策略，由此激发良好的成果。他们要为客户着想，从不同的角度思考问题，探索各种可能性。

- **崇尚行动**

  速度对业务有着至关重要的影响。很多决策和行动都可以不断调整，因此不需要进行规模过大的讨论。提倡在深思熟虑的前提下进行冒险。

- **勤俭节约**

  力争以更少的投入实现更大的产出。勤俭节约可以让我们开动脑筋，自给自足并不断创新。增加人力、预算以及固定支出并不会为你赢得额外加分。

- **赢得信任**

  领导者专注倾听，坦诚沟通，尊重他人。他们并不认为自己或其团队总是正确的，敢于自我批评，哪怕这样做会令自己难堪。他们必须一直以最高标准来要求自己和团队。

- **刨根问底**

  领导者深入各个环节，随时掌控细节，经常进行审核，发现偏离指标的数据时保持怀疑态度，不遗漏任何工作。

- **敢于谏言，服从大局**

  领导者必须要能够不卑不亢地质疑他们无法苟同的决策，哪怕这是多么费力劳神的过程，都不能逃避。他们要信念坚定，矢志不渝。他们不会为求一团和气就屈从妥协。一旦做出决定，他们就会全身心地致力于实现目标。

- **达成业绩**

  领导者会关注其业务的关键决定条件，确保工作质量并及时完成。即便遭受挫折，他们依然勇于面对挑战，从不气馁。

参考 https://www.amazon.jobs/zh/principles

1 主人翁精神

思考问题时把自己当作主人

主人翁精神就是不袖手旁观，把自己代入顾客视角，发挥主观能动性来处理事情。

我们在之前提到过，策划会议、召集与会者、思考会议目标和议题、主持会议进程，这些都是会议负责人的职责。这背后也包含了别的寓意：主持人在推进会议时要像个主人翁一样去思考、去做出判断；与会者不能把一切责任都推给会议主持人，也要像主人翁一样，以经营者的思维推动议题向前。

任何人都不能把自己从会议中撇清，必须要考虑到其他成员，留意会议整体的进程，在需要的时候助一臂之力——这才是与会者该有的态度。

没有主人翁精神的人不应该参加会议

召集哪些人参与会议是非常关键的决定。有些公司在开会的时候，连谁作为会议负责人、谁该发言、谁对议题有决定权都暧昧不清，这让会议的推进非常别扭。

尤其是当同一个部门的部长、科长、组长都在场的情况下，谁才拥有该部门的领导权呢？应该由最年轻的人负责具体事务的操作吗？还是由职位较高的人来统一安排呢？与其在这些问题上无休止地纠结，以至于相互迁就，只拿出个半吊子的解决方案，倒不如派出一个人，代表整个部门出席会议。

秉持着主人翁精神来思考的话，就很容易分辨清楚某个会议是不是与自己有关。如果某个会议同时邀请了普通员工和部长，那普通员工就会想到先跟部长商量一下："这次的会议既然部长去了，我就不去了吧。"部长或许会说："这个项目是你负责的，这个会还是你去开吧。我之后看一下报告就行了。"这样的做法就为其中一方规避了一个本不必要出席的会议。

将权力下放到下属手中，令其代表部门出席会议，那出席的人势必要在会上发言，这也有助于提高下属的责任意识。

如果要从亚马逊的14条领导力准则中选取一条，为自己公司所用的话，我建议大家从建立主人翁精神这一条入手。无论是会议的组织者还是与会者，都要带着主人翁精神出席会议，不邀请不必要出席的人，珍惜各自宝贵的时间，有效地进行有建设性的讨论，对于会上做出的决定也主动担起责任。

哪怕只是培养这种意识，也能逐渐收获质的变化。

2 顾客至上

顾客至上就是结果至上

在亚马逊，可以说所有事务都是以顾客的视角为起点的。顾客至上被放在亚马逊领导力准则第一条的位置。无论是开会、做项目，还是面对日常业务，在任何场合下，这一条都是最重要的价值基准。

比如，网站上出现了“使用过这件商品后感觉并不满意”的用户评论，无论对于生产厂家还是亚马逊平台来说，都会产生负面影响。但如果这种评论对其他顾客来说有参考价值，那就不能删除。当然，如果评论中出现了诽谤中伤之类内容，还是要进行管理，除此之外，管理人员不应考虑评论是褒是贬；只要考虑是否对顾客有帮助。

开会时也是一样。如果不是为顾客着想，那讨论就没有任何意义；如果决策会损害顾客的利益，那就完全不会予以考虑。贝佐斯开会时，会在会议室放一把空椅子，上面坐着整场会议最重要的人——客户。会议中也常常能听到大家相互质问：“这么做真的是为顾客着想吗？”

以是否为顾客着想作为判断基准

在任何会议中，与会者的意见都有可能出现分歧，甚至一时想不清楚该如何做出判断。遇到这样的情况，就要想到顾客至上的原则。

如果是在亚马逊，此时一定会有人提出："这么做真的是为顾客着想吗？"遵循着顾客至上的价值观，无论做什么，如果不能取悦顾客，或是不能为顾客提供所需服务，那就没有意义可言。亚马逊上上下下都渗透着这样的思考方式。

如果某种做法会导致顾客的收货时间稍有延长，但可以让公司的利润增加20%——或许某些公司会为了追求经济利益而允许此类做法的存在，但在亚马逊，这种做法就会遭到拒绝。给客户带来不便，甚至牺牲客户利益来扩大自身利益的行为在亚马逊是绝对不被允许的。但凡会议讨论中出现了类似的倾向，不管是负责人还是其他与会者，总会有人站出来阻止。而后，大家会开始探讨其他可能性：能不能在不延长供货期的前提下增加5% 的效益？除了物流因素之外，还有哪些因素阻碍了利润的增长？可以怎样改变这些因素，来实现这20% 的潜在增长呢？

一家公司的座右铭不应该只挂在墙上，而要在日常的业务和会议中成为判断、讨论和行动的基本准则，发挥实实在在的效用。

3 最高标准

瞄准高标准不妥协

想让会议有所产出，就必须设定目标。在亚马逊，如果因为担心执行能力而设定了一个比较消极的目标，那一定会有人提出质疑："这样的目标不会太低吗？"当然，并不是说要胡乱地设定一个遥不可及的高目标。在亚马逊，人们会通过有理有据的合理协商，来决定是否要对既定目标做出调整。假设目标是100分，但你觉得无论怎么努力也只能达到80分，那就可以拿出论据来进行说明："从这些数字分析来看，100分是不现实的，把目标定在80分比较合理。"不过，即便目标暂时定在80分，在项目进行的过程中，负责人员也会不断进行尝试，想办法让目标达到100分。

在可实现的范围内设定一个高目标，或者在不改变最终目标的前提下先设置一个过渡目标，以调整达标速率的方法来提高标准，二者都是不错的选择。

达到了某个目标之后，继续追求更高目标，这就是亚马逊坚持最高标准的企业文化。

亚马逊从不以竞争对手为目标

如今的亚马逊，无论技术开发还是各项服务，总要比别的公司抢先一步。或许，无论是用户还是员工都已经对此习以为常了。但回过头去想，亚马逊本是互联网行业的后起之秀：它并不是第一个在网上开书店的公司，开始提供线上音乐下载服务的时间也要比苹果公司的 iTunes 晚一年左右。

不过可以肯定的是，如果当年亚马逊以那些很早就在网上卖书的企业为目标，那就不可能取得今天这样的成功。因为，当你一心想要打败某家公司时，你的眼里就只有对方，也就有可能会忽视用户的需求。

不是想着在现有的线上书店中称霸，而是思考如何成为整个出版行业的领军企业。不是仅仅追求销售上的成功，而是想着如何才能成为顾客心目中的首选书店。这样做，才是将用户放在影响决策的位置上。

相比竞争中的相对优势，更看重对绝对价值的追求，强调自身进步，这就是亚马逊的风格。

4 远见卓识

从更高格局出发

这条领导力准则在进行头脑风暴和寻求创新的时候尤为必要。

在亚马逊的会议上，常常会听到有人说："这样是不是格局还不够大，想得还不够远？"与会者时常提醒彼此，如果不以更广阔的视野来看事情，很可能会误解问题的本质。

想要做到从更全面的角度思考问题，就不能只关注自己直接负责的部分，必须要把触角伸出去。作为一个项目的负责人，必然会埋头于自己的业务，忙着做周计划、提高业绩。但到了部长一级，接触到年度预算和中期计划时，你看事情的角度也会随之发生改变。

当你作为部门代表出席会议时，要站在比自己更高一级的立场去思考问题。即使是普通职员也要以科长或部长的角度审视项目，看看平日里自己想尝试推行的事情是否都可行。有时即使大方向对了，细节上也可能会有偏差，如果放任不管，继续推进，偏差可能会越来越大。总之，普通职员要抓住被委以重任、代表部门出席会议的难得机会，从更高格局出发，为整个团队考虑。

有时间意识

基层负责人和高层管理者看待问题的角度有诸多不同，尤其体现在对时间轴的意识上。

有些问题在当下或许不明显，但几年后就很有可能导致严重后果。比如，当公司的经营规模扩大到现在的10倍时，目前的运营方式是否还可以支撑庞大的体量，这就是高层管理者必须考虑的事情。

尤其是亚马逊这种以构筑平台来扩展业务的公司，更需要考虑业务规模扩大之后平台能否正常运行。所以，亚马逊每次扩大业务规模时都会把时间轴拉长，在更高的维度上考虑方法是否正确，或是有没有更好的方法。

5 刨根问底

不停留在表面，深挖本质问题

想解决问题，除了要有开阔的视野之外，还必须深挖问题，找到真正的原因。

比如，有顾客提出希望商品再便宜些。如果此时负责人轻易决定“为了响应顾客的要求，我们一律降价10%”，那就一定不可能实现公司的可持续发展。

这个问题表面看来是顾客期望降价，但稍微深入研究就会发现，顾客只是提出某一个特定品类的某样特定商品价格太高。

遇到这种情况，应该先分析数据，找出究竟是哪种商品可能价格太高。然后针对这一商品进行特价促销，或许就能大幅提升销量，同时使顾客满意度得到提升。又或者可以进行增量减价销售、增加购买量或商品种类，或许也能吸引到目标客群之外的顾客。

我在亚马逊任职期间也有过类似经历。有一次开会讨论对哪些商品进行促销，我在会上很自信地提出，根据数据分析，应该对过去一个月内销售额排名在1万名之内的商品降价5%，却被当场质疑对数据的挖掘不够深入，仅凭过去一个月的数据根本无法确定哪些商品是顾客最需要的。后来经过讨论，决定查看过去一年的数据，找出经常跻身月销量前100位的30件商品。因为最受顾客欢迎的是那些销售长期保持平稳的长青商品，对这些商品给予更大折扣，才更有助于提升用户满意度。

由此可见，当你自以为获取了有力的数据支持，能以恰当的理由做出判断时，才恰恰更需要深挖和反思。要时常问自己：目前的结论真的可以解决问题吗?

不进行深入挖掘，就永远无法洞悉本质。我的上司也曾常常这样鞭策我。

6 崇尚行动

早行动，早解决

假设你的团队里有这样两位员工：

经过深思熟虑，找到完美方法才行动的员工；

即便承担一定风险，也要及早行动，边干边调整，直到达成目标的员工。

如果两位员工都取得了成功，你会嘉奖谁呢？

在亚马逊，后者会得到更高评价，因为亚马逊非常注重业务的推进速度。

许多决策和决定都可以在后期做出调整和纠正，尤其在小范围试行的时候，通常不会造成无法挽回的失败。所以，在项目刚开始时不要执着于完美，就算连答案都没有找到，也可以先在小范围内进行尝试。

亚马逊开展新业务时，经常在一小部分用户中进行两天的试运行，或者让内容仅对访问网站的一半用户可见，再与另一半用户比较，验证两者间的差异。用这些方法进行试验，通过观察用户反应，确认怎样做更有效，而后扩大实际操作的规模。

进行测试时，既要确保达到自己满意的效果，也不能花费过多时间。在获得一定程度的验证之后，可以承担适当风险直接付诸实践。

保持最低程度的风险对冲

当然，在追求速度的同时也要努力降低风险。必须事先想清楚最坏的情况是什么，问题发生时该如何应对。这样就能在适当的时候及时止损，不至于让沉没成本过高，直到赤字过于庞大，无法放手。

7 好奇求知

持续学习才能开拓未来

这是亚马逊领导力准则中后来添加的一条。虽然与怎样开会没有直接关系，但对于想孵化创新服务和新锐想法的企业来说非常重要。

随着公司规模的逐渐壮大，会有越来越多的人认为自己只需要专注某些职能就够了。尤其当公司身处业界领先地位、处于行业最尖端位置时，学习新事物的意识会越来越薄弱。

贝佐斯总是怀有一种危机感，他认为如果企业的领导者不去学习各类新事物、为将来播下种子的话，10年后企业就会不复存在。我想，这也就是他会在领导力准则中添加这一条的原因吧。

亚马逊原本就是一家边学习边成长的企业，贝佐斯创业之初也并不具备管理数十万人大企业所需要的能力和技巧。在拓展业务的同时，亚马逊陆续从大型跨国企业聘请经验丰富的人才，身处高位的贝佐斯也能虚心聆听这些人的真知灼见。整个企业就这样在不断听取建议的过程中发展壮大。

在亚马逊看来，人才的成长必定会给公司带来积极影响。因此，公司愿意投入大量资源来培养人才。

8 在公司里彻底贯彻领导力准则

领导力准则是人事考评及人才教育的基准

无论是经营理念还是行动准则，如果只挂在墙上当作标语，那就没有任何意义可言。有用的准则一定是从工作实践中诞生的。亚马逊一直要求员工在工作中的方方面面实践这些领导力准则，这些准则也被纳入了人事考评条目中。

对领导力准则进行考核并不是一件容易的事。比如，上司简单地评价下属“不够有远见卓识”，这会让下属不知道该如何改进。是应该多读点书、拓宽视野吗？还是应该参加一些讲座，增强自己的理论知识呢？

所以，对领导力准则的评价不能只停留在纸上，必须与实践相结合。在这方面上司所扮演的角色非常关键，要给下属分配合适的课题，并帮助他们以更开阔的思路审视这些课题。上司还要为下属设计各式各样的机会，比如让下属负责更大规模的项目、管理更大的团队、调动更多人员推动公司内部优化等。

在亚马逊，上级领导不仅要以领导力准则作为员工考评的标准，还要想办法强化和推动符合领导力准则的行为。

领导力准则也是人事聘用的原则

虽然亚马逊也会为员工提供一些基本层面的培训课程，但从根本上看，他们的原则还是专注于培养高潜力人才，尽量为这些人才提供施展拳脚的机会。如果能打造出内部之星，将工作能力提高两三个层次的话，那就既可以节省外部招聘的麻烦，又可以极大地促进组织成长。为此，在人事考评会议上，上司要帮员工认清自己的薄弱环节，并详细探讨员工能得到什么样的机会，以提高自己的实力。

当然，在招聘时挑选具有这些特质的人才也很重要，所以负责招聘的面试官会准备一系列有关领导力准则的问题，测试面试者是否具备这些素养。在亚马逊内部，这个过程被称作“探测”，因为这种透过表象发现潜质的操作就好像救援队在雪崩后用探杆不断试探雪面下是否埋着幸存者一样。

通过探测找到合适的应聘者之后，还得要通过日常工作来把领导力准则烙印到这些员工的意识中，使之成为渗透在公司内部的通用语言和价值观。

公司团建活动背后的意图

在亚马逊，即便是举行团建活动也必须遵照领导力准则。

比如，仓储部会在忙碌的节庆假期之后举办两项大型活动，一是庆功会，一是邀请员工的家人一起来仓库参观。这时，辛苦的仓库员工和家属都是客人，老板的任务就是犒劳大家。如果活动组织者要求老板表演即兴节目，老板二话不说就得装扮起来跳舞，给大家助兴。

在亚马逊，能办好这些活动的人会获得极高赞誉，甚至成为下一代公司领导者的候选人。所以，各级别的管理者都会认真对待这些活动，不会随便关照助理安排一下，让大家开心开心就算了。如果每年都用相同的食物、相同的节目进行招待，那团建活动就会变成一种形式，所以活动策划人要思考如何给客人们带来更好的体验，创造出超越往年的效果。员工们对团建活动的期待越来越高，活动策划的工作也越来越有挑战性。

为什么亚马逊会让有潜力成为下一代公司领导者的人花时间来策划这样的活动呢？因为策划这种活动需要调动许多人，如果不彻底实践领导力准则是无法把事情做成的。通过策划和组织团建活动，公司能够发现一个人在平时工作中看不到的优点和缺点。换句话说，这并不是单纯的团建活动，而是人事考评的一环。

因此，公司会认真考察活动策划者如何将所有人召集到一起，如何进行计划，并开展活动；还会收集员工对活动的反馈，看看大家有什么评价，满意度是多少。公司高层会认真参阅这些讯息，并作为选拔重要岗位领导者的参考。

被选为团建活动的策划者虽然是一种荣幸，但也意味着要面对严峻的挑战。

CHAPTER 7
第七章

人人可用的会议瘦身诀窍

引言：
在开会这件事上做到彻底的节俭

很多企业都存在着无效会议，单是能改正这一点，就可以节省不少时间了。开会的次数减少，参加会议的无关人员减少，生产效率就会得到大幅度提升。

日本民间智库 PERSOL 与日本立教大学共同展开的一项调研显示：在公司规模在达到1万人的企业里，每年因为无效会议而造成的损失可达15亿日元左右。可见，开一次会议的成本是很高的，每位管理者都要充分重视无效会议这一问题。

我曾多次以商业顾问的身份出席客户公司的会议，并注意到很多问题：

- 参加会议的人员太多；
- 不少与会者一言不发、默默处理自己工作；
- 用邮件就能说明的事，偏要特意开个会；
- 会议进程拖沓，无法准时结束；
- 讨论的都是细枝末节，重要议题讲得很少。

一个企业要改进工作方法、解决生产力低下的问题，就必须要直面这些无效会议。因此，我将在本书的最后一章介绍有关减少开会次数、精简与会人员、缩短会议时间的技巧和方法。

1 减少开会次数

为什么有老板喜欢开没用的会呢？

从前，我的老板常常会说："不要为了自我满足而开会。"

亚马逊是一家讲究系统性看问题的公司，但也没有做到完全消灭无效会议，不得不参加这种会议时我就会暗自嘀咕："有空开这么无聊的会，真是工作量不饱和。我手头可还忙着呢。"

之所以有那么多没用的会要开，原因之一就是老板喜欢开会。在过去，手握重要信息就是权威的象征，就证明了自己身处组织架构的高层。换言之，上司通过召开会议、传达信息，可以彰显自己的当权地位。但如今，信息沟通已变得易如反掌，复杂的组织架构也日益扁平化，如果还把开会当作炫耀权威的机会，那就太不合时宜了。

还有，作为上司总喜欢事事操心，免不了问东问西。有时明明没什么大事，也会想把员工都召集起来，听听每个人都干得怎么样。于是，这种单纯报告性质的会议就会滚雪球般增加。其实，如果真想听听下属有什么想说的，就应该进行一对一面谈。控制开会的冲动必须从上司自身做起。

那作为下属，如果觉察到上司仅是一时兴起想开个会，你该怎么做呢？直接发牢骚的话，肯定会让自己陷入尴尬的境地。我认为此时可以试着问一声："请问领导，这次会议的主要目的是什么？"请上司解释一下开这个会是想取得哪些成果，如果得到的答案与自己的工作并无关系，那就可以尝试婉拒说："这次会议的内容与我负责的工作关系不大，我可以不用出席吗？"

即便面对上司，事关工作效率，该说的话还是要说出口。作为下属，如何应对上司一时兴起而召开的无效会议，本身就是一门重要的职场功课。

规定好哪些情况下会议可以取消

也有些管理者抱有这种心思：一旦宣布了开会，那就不能中途取消，哪怕没什么需要共享的信息，哪怕本周并没取得什么实质上的进展，也还是先把所有人都叫来，听听大家都干得怎么样。一旦有了这种想法，就会徒增许多没有必要的会议。

亚马逊的企业文化强烈排斥没有必要的会议，公司提倡员工们先明确会议存在的意义，据此判断某个会需不需要开。如果不需要开，就临时取消；如果跟自己无关，就拒绝参会。这些在亚马逊都是理所应当的事。

比如，按照常理来说，如果已经有了合理的决策，所有人都按照既定决策正常推进的话，就不需要再开会了。但真要如此，就无法及时了解每个人的想法。所以，有些会议是为了听取各种意见，并调整相应的管理决策而召开。亚马逊号召员工不拘泥于常理，根据项目进展的实际情况，灵活决定是否召开会议。

不必要的会议当然要尽量减少，即使是必须召开的会议，也应该制定中途叫停的规则。这样，就能尽量减少为顾全大局而做出的不合理安排。比如，可以在开会前一天最后决定会议是否需要召开，如果没有特别的议题，那就宣布“本周不开会，有任何新情况将通过邮件告知大家”。

我想，在很多会议上恐怕都有半数人认为开会是个麻烦事，花在开会上的时间还不如用来做些别的工作。省下开会的时间，或许就可以少加一小时班、早点回家，何乐而不为呢?

开会本身并不是目的。开会是因为有些事必须经过集体讨论才能做出决定，或者有些信息必须对整个部门乃至整个公司的员工当面宣布。如果只是把人聚到一起，一边喝茶，一边不痛不痒地说一句“这次没什么特别的情况，接下去大家也要继续努力”，然后散会，那就是浪费时间。

为了取消不必要的会议，公司高层必须以身作则。只有这样，下面的人才会效仿，在日常工作中将这样的原则贯彻到底。最终，这种原则将成为企业文化的一部分并固定下来。

用沟通工具来取代传达消息的会议

现在已经是一封邮件就能将信息传递给全体员工的时代了，但我走访很多公司时却看到，纸质文件的传阅依然存在于现代化的办公环境中。

通过调研我发现，很多公司并没有专人负责确认文件传阅的情况，大约30% 的文件会在传阅过程中不翼而飞，很多人读完文件后就忘了继续往下传，文件收回后也不会被仔细整理归档。何况，即使文件上写满了传阅人的签名，也不代表每个人都认真读过。所以说，这种传统做法不过是流于形式而已，没有任何意义。

我在某家游戏公司工作的时候，就经常在年底大扫除时从抽屉里找出半年前传到手上的通知，还偷偷扔掉过好几次。这些通知明明在我手里卡住了半年之久，日常工作也没出什么问题。可见，它们根本就没有被传阅的必要。

如今，管理者仅靠邮件就能瞬间完成信息共享，员工们也能在公司的内部网站上随时查到自己需要的信息。我认为，要充分运用这些技术手段，让公司里的每个人按需查找。还要定期进行统计，那些没什么人查看的信息多半都是无效的，应该被逐步清理掉。像这样从细微之处着手，就是减少不必要的信息传达会议的第一步。

案　例

亚马逊的高层也坐经济舱

在亚马逊，不仅是开会，任何事都讲究节约。公司的每一个员工都非常勤俭，不会给公司浪费一分钱。

例如在出差时，无论哪个层级的员工都会有意识地节约开支。副总裁坐飞机时基本都选择经济舱，社长乘坐新干线时也只买普通车厢的指定席。当然，也有高管会购买新干线上较高级的“绿色车厢”车票，或为自己的飞机票升舱，但大多都是自掏腰包。公司还会在内部网页上向世界各地到访西雅图总部的员工提供节俭指南，比如“从西雅图机场拼车到公司只需50美元，请避免选择昂贵的出行方式”等。

勤俭节约不仅是一种号召，更是亚马逊实实在在贯彻到底的作风。

2 减少与会人数

不必要的与会者能让会议陷入停滞

在亚马逊工作期间，有一次我和上司两个人为筹备一个新项目而前往合作方公司开会，结果见识到了令我吃惊的场面——对方出席会议的人员竟然多达15人！其实，需要与我们对接的只有负责运营、系统和财务的3位同事而已，但开会时却连营业所所长都被请来了。

由于人数实在太多，我们不得不表示“不用如此兴师动众，只需要必须参与的人员出席就可以了”。但第二次开会，对方仍有七八个人出席。当时我深切地感受到，这真是很多企业根深蒂固的通病啊。

让无关人员出席会议，不仅是浪费其本人的时间，也容易在会上引发无关的讨论，继而搞乱会议节奏。尤其是在确认项目进度的会议上，如果公司的高层领导来参加，主持人就不得不把原本的会议宗旨撇到一边，先将项目详情解释一番。倘若领导突然讲出一通之前从未提过的指导意见，更是对会议的正常进行有害无益。

要区分必须出席和选择性出席的人员

作为会议的负责人，如果对要讨论的项目有充分理解，清楚知道这次讨论将对其他同事产生的影响，就不会把无关人员牵涉到会议中。但负责人如果不够成熟，就会把所有可能的相关人员都召集起来。可见，透过一个人召集会议的方式，能够看出其工作能力的高低。作为会议的负责人，必须好好考虑清楚会议究竟需要哪些人参加，才能获得有效产出。

在亚马逊，会议负责人在召集与会者时，会将一定要到场的“必须出席者”和选择性到场的“自愿出席者”区别开。

举例来说，开会时如果负责项目操作的人不到场，就无法得知那项业务的具体情况，所以，这个负责操作的人就是必须出席者。如果此人由于某些原因无法到场，也必须安排一个了解情况的同事代为出席。这些都是理所当然的默认规则。

与之相对的自愿出席者，就是需要知道有会议召开，但原则上不必参会的人。当然，如果此人在会上有话要说，也可以选择出席。举例来说，如果会议负责人希望某个人出席会议，但又认为没必要叫上他的上司，就可以把那位上司列为自愿出席者。这样一来，那位上司就不会因为下属被占用了工作时间而生气。作为会议的负责人，一定要顾及各种细节，才能避免造成不必要的冲突。

作为会议负责人，如果不清楚某次会议应该由某个部门的哪位同事参加，就应该事先与该部门的负责人进行商讨。当部门指派了某位同事参加会议时，不仅要向那位同事发送会议邀请，也要抄送他的上司，并在会后附上会议记录，方便上司掌握情况。

亚马逊平时会用 Outlook 管理会议日程。利用 Outlook 的联络功能可以清楚地显示会议的时间、地点、出席人员，并添加必要的材料，方便事先告知与会者；还可以了解其他人的日程安排，方便会议负责人在确认对方有空的前提下发送会议邀请。当然，如果会议负责人希望某位同事一定要出席的话，即便对方的日程上有冲突，也应该把会议邀请发出去。尤其是十分紧急的会议，不仅要发出日程邀请，还应该致电对方，总之要想尽各种方法让他出席会议。

案　例

办法用尽，为什么参会人数还是减不下来？

这是很多亚洲企业的通病，原因是这些企业在职务分工和责任划分的机制上与美国企业存在差异。

在美国的企业中，每个人的职务内容和责任范围都很明确。项目执行时由负责人决策，负责人无法做出判断时可以找上司商量。开会也是一样，自己无法做判断的事，会后再找上司商量就可以了，没有必要总是让上司一起参与会议。但如果权责不清，一件工作就会牵涉许多人，开会时如果不把这些相关人员都叫上，会议可能就开不成。

所以，想要取得实质上的改变，仅仅改变开会方法是不够的。开会的方法取决于公司运作的机制，而在背后支撑这个机制的是“人”。所以，想要有效地学习亚马逊方法，就必须理顺作为公司根基的“人”应该如何工作。

3 缩短开会的时间

会议负责人要确认会议目标并严格管理时间

开会要花费多少时间往往取决于会议负责人的控场能力。防止在切入正题之前耗费太长时间，或在讨论中途偏题，都是会议负责人的职责。

经验不足的会议负责人往往直接引导与会者开始讨论。在亚马逊遇到这种情况时，现场一定会有人提出："稍等片刻，我们这次会议的主要目的是什么来着？"在前文我提出过，会议开始前要用"3个 W"让与会者对会议目标达成共识。只有尽快确定目标，才能使会议尽早进入正题，中途偏题时也更容易修正，避免讨论陷入混乱。

在前文中我还提到过会议期间时间管理的重要性。在亚马逊，是不允许会议拖沓过长的。决策会议原则上不超过1小时，进度管理会或大型会议之前的通气会要在15分钟到30分钟内完成，头脑风暴需要花费的时间较长，一般规定在2小时到3小时。在规定时间之内没能讨论出结果也要散会，所有人带着议题回到工作中。所以临近规定时间时，与会者都会非常紧张。

借助会议资料来缩短会议时间

在前文中我讲到很多亚马逊的会议技巧，比如，讨论前默读资料、以文章而非 PPT 的形式准备会议资料、规定会议资料的页数，等等。在这些细节处用足功夫，都能帮助缩短会议时间。

讨论前默读资料可以减少会议期间的不必要提问。文章形式的会议资料比 PPT 更为清晰，字里行间没有过多省略，与会者就不用浪费时间去猜测字面背后的意思。限制会议资料的页数则有助于压缩阅读时间，并且由于资料附录的存在，与会者可以从会议资料的主体部分得到更多核心信息，也就更有助于议题的讨论。

不要拘泥于面对面开会

要缩短会议时间，除了在缩短讨论时间上下功夫之外，也要留意因开会而产生的通勤时间。如果为了出席会议而花在交通上的时间比实际开会的时间还要长，会议本身又没有什么特别重要的议题，那就没有奔波的必要了。

很多企业特别重视面对面开会，似乎只有大家坐在一起，呼吸一样的空气，才能互相理解、达成共识。但其实一般的日常会议，并不一定非要把所有人聚到一起面对面。我认为，能通过视频或电话商量出结论的会议是最有效率的。

在亚马逊看来，电话会议也好、视频会议也好、面对面开会也好，形式并不重要，能就地解决问题的方式就是最好的选择，所以就连年度预算之类的重要决策也会通过视频会议解决。何况亚马逊是一家跨国公司，美国本土之外的职员必须通过远程会议与西雅图总部取得沟通，否则有些工作就无法顺利推进。

我在亚马逊工作时，业务性质决定了我要在全日本各个地方设置仓库和客服中心。每次都把分散在各处的员工召回总公司开会的话，肯定会降低工作效率，所以很多工作都会在远程环境中进行操作。

亚马逊一直积极投入资源，完善各种有助于提高效率的远程会议工具。随着通信技术的不断提高，远程会议系统和配套服务不断完善，如今的远程会议让人感觉与实际身处一室参与讨论并无二致。在以低成本就能实现高质量讨论的今天，我认为根本不需要拘泥于面对面开会。

唯一的例外就是人事部的最终考评，因为这是需要特别谨慎对待的话题，面对面谈一定好过隔着屏幕讨论。尤其是在晋升过程中，必须当面说明为什么一定要提拔某个人。为此，常有日本员工特意飞去西雅图本部接受面谈。

4 减少参会的频次

职位越高会议越多

职位越高，需要出席的会议就越多，这在亚马逊也不例外。

比如我在亚马逊担任高管时，早上9点到公司，晚上7点左右下班，中间的每个小时都填满了各种各样的会议，有时甚至连午休时间都要用来谈事情。再加上亚马逊一年到头都有招聘面试，为了选拔优秀人才，总希望能和尽可能多的候选人进行面谈。所以职位越高，每周的日程就会被各种会议和面试塞得越满。

当上高管之后，我感到最困扰的就是无法调整自己的日程安排。虽然亚马逊有 Outlook 系统帮助管理员工的日程表，但我要负责全日本的仓储，经常在各地出差，有时连自己都不清楚某一天某个时间点会出现在哪个地方，也不知道某个时间段能不能出席某个会议。

安排每个日程可能只需要5分钟到10分钟，但需要安排的日程多了，也会占用我本职工作的时间。亚马逊认为，作为一名高管，不该将时间浪费在调整日程表这样的工作上。所以从那时起，公司为我配备了一名助理，主要负责安排我的工作日程。

要参加的会议越多，就越要想方设法提高自己的生产效率。要分清楚哪些是自己必须完成的工作，哪些工作可以交给别人处理。

放权委任可以帮助减少参会

如果一位管理者不懂得放权，那工作量只会不断增加。如果所有的会议都必须亲自出面，他终将忙不过来，工作中就难免会出状况。不懂放权的管理者大多担心即便放权给下属，万一失败了，责任还是得由自己来承担。换句话说，就是没有委权于人的气度。

我以前也常被老板说：“明明可以交给别人去做的事，为什么不交出去？你还是气度不够啊！”放权并非易事，即便是在亚马逊这样工作环境自由的公司里也是如此。但作为上司，必须要让下属担起责任，比如让他们出席会议，在会上发表意见，凭自己的力量将工作向前推进。下属们只有积累了经验才能成长。适当放权对自己、对下属、对公司来说都有好处。

要有拒绝的勇气

收到与会邀请的人也要仔细斟酌，判断自己是否真有必要出席会议。

每家公司里，都有一些能力优秀、熟悉公司状况、专业知识扎实的人被频繁地邀请去参加各种会议。还有些人，总会被选做面试官，负责各种招聘面试。光是应付这些会议邀请，搞不好就要用掉每周一半的工作时间。

像招聘这种对公司来说优先级较高的事务，可能会很难拒绝。但如果工作已经忙得不可开交，还是要向自己的上司求助。必要时，可以请上司委派其他同事代替出席。只要采取了这种应对措施，就不会让邀请你去开会的人感觉到被无理拒绝。

顺便一提，世界上确实有爱开会的人。或许在这些人看来，只有被叫去开会才意味着自己是在工作。对于这种人，一定要向他讲清楚开会的目的，明确其参会的职责，并在开会时审视其是否为会议做出了相应的贡献。

结语

所有会议都要为顾客解决问题。

——佐藤将之

做企业当然要追求利益，但过于重视利益而忽视了顾客的话，这门生意一定做不好。

如果将顾客至上的思想扎根在企业内部，那么当生意上面临抉择时就不会出什么大纰漏。如果能制定优秀的决策，让顾客获益，业务就能蓬勃开展，企业也能持续成长。

在亚马逊召开过的众多会议中，有一种是贝佐斯面对全体员工召开的全体会议。贝佐斯曾在全体会议上向员工展望亚马逊10年后的样子，给我留下了深刻印象。他说道："10年后的零售、云商务和电子商务依旧会是支撑商业的骨架。在今后的10年里，亚马逊顾客至上的原则将得到社会的认可。其他公司也会切实地做到这一点。"

这就是贝佐斯理想中的世界，我也曾为实现这样的世界贡献过一己之力。

在之前出版的作品中，我曾系统性地介绍过亚马逊具体的工作方法。但我更想向大家介绍的是这些工作方法背后的思考方式——亚马逊是如何通过这些方式实践顾客至上原则的。如果大家在读完这本书之后，能对此感到理解和认同，能有更多人朝着这个方向迈进，如果能有更多企业认同亚马逊的顾客至上原则，以同样的思考方式推进工作，我们就能更接近贝佐斯口中的理想世界了。

这本书虽然以“开会”为主题，但背后的初心依旧没有改变。重新审视开会这件事，不仅能提高会议本身的效率，还能借机重新审视一家公司的整体运作，包括工作方式、企业文化、组织和人事制度，等等。有了这样的改善，相信公司整体很快就能实现顾客至上的原则。

本书也介绍了一些特定的开会技巧，但这些都不只是停留在表面的技巧而已。希望大家能透过这些技巧，了解背后的领导力原则，以及贝佐斯的理想世界。

当然，在此基础上要不断寻找适合自己公司的方法和改革之路。或许你和你的企业就能为顾客至上的理想世界贡献自己的一份力量。

（全书完）

作者

佐藤将之

日本亚马逊创始成员
商务咨询专家 / 企业成长顾问

2000年7月，作为创始成员加入日本亚马逊。
2005年，担任亚马逊日本地区配送业务总管，这是亚马逊每个国家分部最重要的管理职位。
2018年，创办咨询公司Evergrowing Partners，以自己20多年的经验，帮助客户企业优化管理，达成营业额1000亿日元的目标。

译者

张含笑

资深广告人，职业译者。

贝佐斯如何开会

作者 _ [日] 佐藤将之　　译者 _ 张含笑

产品经理 _ 谭思灏　　装帧设计 _ 何月婷　　产品总监 _ 木木
技术编辑 _ 白咏明　　责任印制 _ 陈金　　出品人 _ 吴畏

营销团队 _ 孙烨　滑麒义

鸣谢（排名不分先后）

《经济学人 · 商论》执行总编辑 吴晨

果麦
www.guomai.cn

以 微 小 的 力 量 推 动 文 明

著作权合同登记号：06-2021年第90号

图书在版编目（CIP）数据

贝佐斯如何开会 /（日）佐藤将之著 ；张含笑译
. -- 沈阳 ：万卷出版公司， 2021.10（2025.2 重印）
ISBN 978-7-5470-5711-7

Ⅰ. ①贝… Ⅱ. ①佐… ②张… Ⅲ. ①电子商务－商业企业管理－经验－美国 Ⅳ. ①F737.124.6

中国版本图书馆 CIP 数据核字（2021）第 167104 号

出 品 人：王维良
出版发行：北方联合出版传媒（集团）股份有限公司
　　　　　万卷出版公司
　　　　　（地址：沈阳市和平区十一纬路 29 号　邮编：110003）
印 刷 者：北京世纪恒宇印刷有限公司
经 销 者：全国新华书店
幅面尺寸：140mm × 200mm
字　　数：90 千字
印　　张：6.25
出版时间：2021 年 10 月第 1 版
印刷时间：2025 年 2 月第 13 次印刷
责任编辑：胡　利
责任校对：高　辉
装帧设计：何月婷
ISBN 978-7-5470-5711-7
定　　价：39.80 元
联系电话：024-23284090
传　　真：024-23284448

贝佐斯如何开会

- **什么情况下要开会**
  - 常见会议
    - 决策会议
    - 创意发掘会议
    - 进度管理会议
    - 信息传达会议
  - 少开信息传达会议
    - 不必开会传达的信息
    - 增加一对一面谈
- **怎么准备会议资料**
  - 不允许用PPT
  - 会议资料以文章形式
  - 会议资料的分类
    - “1页纸”
    - “6页纸”
    - “新闻稿”
  - 怎样写好会议资料
    - 结论先行
    - 多用句号
    - 逆向思考法
- **几种常见会议的开法**
  - 决策会议
    - 会议由“沉默”开始
    - 项目主管就是会议负责人
      - 负责人的3项职能
      - 管理会议进程的3种工具
      - 衡量会议成败的标准
    - 警惕“社交化从众”
    - “敢于谏言，服从大局”
  - 创意发掘会议
    - 2种形式
      - 头脑风暴
        - 参与者的组成
        - 必备物品
        - 提高效率的5个诀窍
      - 外出会议
        - 外出会议的优势
        - 外出会议的陷阱
  - 进度管理会议
    - 以数据分析为基础
      - 万物皆可KPI
      - 主观要素的量化
    - 会议原则
      - 必须刨根问底
      - “善意”无效，“机制”有效
      - 每周一次PDCA
    - 复盘
      - 高光和暗光
      - 加分主义评价体系
- **亚马逊开会方法的基石——领导力准则**
  - 主人翁精神
  - 顾客至上
  - 最高标准
  - 远见卓识
  - 刨根问底
  - 崇尚行动
  - 好奇求知
- **会议瘦身的Tips**
  - 减少开会次数
  - 减少与会人数
  - 缩短开会时长
  - 降低参会频率